Rezept	Seite	Kalorien/Portion	Gelingt leicht	Schnell	Braucht etwas Zeit	Für Gäste	Kalorienarm	Vegetarisch	Gut vorzubereiten	Preiswert
Garnelenpfanne	34	430	●							
Gegrillte Goldbrassen	35	490	●							
Makrelen mit Knoblauch und Kräutern	36	335								
Rotbarben aus dem Ofen	36	412			●					
Fischfilet mit Fenchel	38	342	●							
Seeaal mit Knoblauchsauce	38	589				●				●
Oktopus-Eintopf	40	517			●	●				
Tintenfische mit Schafkäse	41	398			●	●	●			●
Hacksteaks	44	544	●							●
Fleischspießchen vom Grill	44	393		●			●		●	
Lammkeule geschmort auf Tinos-Art	46	586			●	●				
Kalbfleisch mit Nudeln aus dem Ofen	46	699			●	●				
Schweinefleisch mit dicken Bohnen	48	655			●					●
Rindfleisch mit Zucchini	49	540			●	●				
Hasen-Schmortopf	50	481			●					●
Blätterteig-Päckchen mit Lamm	50	827			●	●				
Hähnchen mit Sellerie	52	439				●				●
Hähnchen in Zitronensauce	53	803	●	●		●				
Walnuß-Dessert	56	484	●			●		●		
Milchreis	56	419	●					●	●	●
Gebackene Feigen mit Sesam	58	324	●			●		●		
Backobst in Verbene-Tee	59	241		●		●	●	●		
Sesam-Halva	60	306		●				●	●	
Zitronenlikör	60	77	●		●	●		●	●	
Griechischer Kaffee	61	24	●	●		●	●	●		●
Griechischer Eiskaffee	61	51	●	●		●	●	●		●

Wegweiser

Ein griechisches Essen ist ohne kleine Vorspeisen, die »Mesédes«, undenkbar. Selbst wenn sie nur aus Oliven, etwas Schafkäse, Tomaten- und Gurkenstücken bestehen. Bei besonderen Gelegenheiten können es leicht 15 oder mehr sein. Kleine Häppchen gehören auch dazu, wenn Griechen bei einem Glas Oúzo oder Wein sitzen – sie trinken nie alkoholische Getränke, ohne wenigstens Oliven und ein paar Käsestückchen dazu zu essen. So gibt es in den Oúzerien, den Bars, in denen vorwiegend der Anisschnaps ausgeschenkt wird, auch immer einige kleine Gerichte. Ein Teller davon kann durchaus ein ganzes Hauptgericht ersetzen.

(stilles) Wasser; die Mischung wird dabei milchig-trübe. Der Oúzo selbst darf nicht gekühlt werden, sonst flocken die Anisöle aus. Wenn Sie Oúzo pur servieren wollen: dickwandige Schnapsgläser im Tiefgefrierer stark kühlen, den zimmerwarmen Oúzo eingießen und sofort servieren. Vorsicht: Oúzo verträgt sich nicht mit Retsina, dem geharzten Weißwein. Nach dem Anisschnaps also immer einen ungeharzten Wein servieren, sonst gibt es Kopfschmerzen.

Zum Aperitif: Oúzo

Der Oúzo, ein kräftig mit Anis aromatisierter Tresterbranntwein, wird in Griechenland nicht nach dem Essen als Verdauungsschnaps, sondern als appetitanregender Aperitif zu Vorspeisen getrunken. Und meist nicht pur, sondern verdünnt: 1 Teil Oúzo auf etwa 3 Teile eiskaltes

Vorspeisen und Salate

Griechische Inselküche

Rezept	Seite	Kalorien/Portion	Gelingt leicht	Schnell	Braucht etwas Zeit	Für Gäste	Kalorienarm	Vegetarisch	Gut vorzubereiten	Preiswert
Gelbes Erbsenpüree	6	147	●		●		●	●	●	●
Röstbrot mit Tomatenpüree	7	261	●	●		●	●			●
Gurken-Joghurt	8	175	●	●		●		●	●	●
Auberginensalat	8	123	●			●	●	●	●	
Kapernsalat	9	118	●	●		●	●	●	●	
Pikante Käsecreme	9	190	●	●		●	●	●	●	
Kartoffel-Tomaten-Puffer	10	282	●					●		●
Kichererbsenbällchen	10	418				●		●	●	●
Tomaten mit Schinken und Käse	12	321	●	●		●				
Rote Paprikaschoten mit Schafkäse	13	144			●	●		●	●	
Bauernsalat auf Insel-Art	14	299	●	●		●	●	●		
Grüner Gemüsesalat	14	192	●	●				●		
Pikanter Oktopus-Salat	16	282	●			●			●	
Krautsalat mit Möhren und Dill	17	74	●	●				●		
Paprika-Wurst-Eintopf	20	520	●				●			●
Gefüllte Tomaten	20	643			●				●	●
Fischsuppe mit Gemüse und Reis	22	387	●			●				
Zitronensuppe	23	368			●		●			●
Gefüllte Zucchini	24	205	●				●			●
Gemüse mit Joghurt	24	491				●	●	●	●	
Champignons mit Käse überbacken	26	434				●		●		
Überbackene Auberginen	26	477			●			●		
Artischockengemüse	28	316	●					●		
Rote Bete mit Knoblauchsauce	29	200	●				●			
Spaghetti aus dem Ofen	30	657	●							●
Auberginenauflauf ala Nikos	30	651			●	●		●		

Vorspeisen: bunt gemischt

Pikante Dips, Gemüse und Schafkäse sind die klassischen Säulen der Vorspeisenpalette. Die knoblauchduftende Joghurtcreme Tsatsíki darf ebensowenig fehlen wie rote Kaviarpaste (Táramosaláta) und andere Dips. Für viele dieser Cremes wird Joghurt verwendet, allerdings ist griechischer Joghurt dicker und fettreicher als unserer, es gibt ihn aus Schafmilch (mit etwa 6 % Fett) oder aus Kuhmilch (mit 10 % Fett, also ein Sahnejoghurt). Wenn Sie den original griechischen Joghurt nicht bekommen, können Sie auch stichfesten Bulgara-Joghurt in einem mit einem Tuch ausgelegten Sieb zwei Stunden oder länger abtropfen lassen.
Dazu mit Reis gefüllte Weinblätter (Dolmadákia, gibt es fertig gefüllt zu kaufen), gebratenes Gemüse und ein Stück Schafkäse (Feta), alles garniert mit schwarzen und grünen Oliven, Tomatenvierteln und Gurkenscheiben – fertig ist ein typisch griechischer Vorspeisenteller. Dazu reichlich Brot – helles Landbrot oder frischaufgebackenes Sesam-Fladenbrot– servieren.

Ein bunt gemischter Vorspeisenteller darf bei keinem griechischen Essen fehlen.

Unverzichtbar: Majonesa

Gemüse- und Kartoffelsalate werden gern mit Mayonnaise angemacht. Auf griechische Art: 1 TL Senfkörner mit etwas Salz und schwarzen Pfefferkörnern im Mörser zerstoßen, mit 1 ganz frischen Eigelb und 1 EL Zitronensaft verrühren. Die Mischung mit dem Schneebesen cremig schlagen und unter ständigem Rühren erst tropfenweise, dann in dünnem Strahl etwa 125 ml extra natives Olivenöl dazugießen. Zuletzt 1 EL Zitronensaft unterquirlen und abschmecken.

Zu jeder Zeit: Salate

Ob als Vorspeise oder als Zwischenmahlzeit, es wird immer und überall Salat gegessen. Vor allem der griechische Salat aus Tomaten und Gurken mit etwas Schafkäse (Choriátiki) ist im Sommer sehr beliebt. Aber auch Kraut- oder Romanasalat, Gurken- und Tomatensalat ohne Käse und im Frühjahr Chórta, ein Salat aus gekochtem Wildgemüse, erfrischen und wecken den Appetit. Üblicherweise wird ein Salat mit Tomaten nur mit Olivenöl übergossen, nicht mit Essig oder Zitrone – die Tomaten haben selbst genügend Säure. Nur herbe Salate wie Romana oder Zichorie werden mit sehr mildem Weißweinessig angemacht.

Zum Essen: Wein

Bei uns ist Retsina, der geharzte Wein von Attika, der bekannteste. Er ist aber nicht nur zum Genießen, sondern vor allem zum Trinken gedacht und wird – leicht gekühlt – nicht in Weingläsern, sondern in kleinen Wassergläsern oder den typischen Gläschen mit Markenaufdruck serviert. Daneben hat jede Region ihre eigenen, typischen Weine, von herben, trockenen Weißweinen über Roséweine zu schweren, gehaltvollen Rotweinen und Dessertweinen wie Samos und Mavrodáfne. Inzwischen finden Sie bei uns neben einfachen Markenweinen wie Demestica auch Weine mit Ursprungsbezeichnung wie Naoussa, Nemea und Kouros oder einen Vin de Crete, würzig-kräftig und oft in Holzfässern ausgebaut.

Gelbes Erbsenpüree

Fava

● Preiswert
● Braucht etwas Zeit

Für 4 Personen:

200 g getrocknete gelbe
Erbsen (Schälerbsen)
1/2 TL Speisenatron
2 Zwiebeln
4 Knoblauchzehen
6 EL Olivenöl
Salz • schwarzer Pfeffer
4 EL Zitronensaft
Petersilienblättchen und
schwarze Oliven zum
Garnieren

Zubereitungszeit: 20 Min.
Garzeit: 1 Std. 15 Min.
Einweichzeit: 3–4 Std.

Pro Portion ca.: 615 kJ/147 kcal
4 g Ew/8 g F/16 g Kh

1 Die Erbsen abspülen
und in einem Topf mit
gut 1/2 l kaltem Wasser
und Natron 3–4 Std.
einweichen.

2 Die Erbsen im Ein-
weichwasser bei mittlerer
Hitze aufkochen (aufpas-
sen, kochen leicht über).
Zwiebeln und Knoblauch
schälen. Zwiebeln grob
hacken, mit den Knob-
lauchzehen zu den Erbsen
geben und zugedeckt bei
schwacher Hitze 1–1 1/4
Std. garen, bis die Erbsen
zerfallen. Aufpassen, daß
die Erbsen nicht anhän-
gen, eventuell wenig
Wasser nachgießen.

3 Wenn die Erbsen weich
sind, im Topf zerstamp-
fen, mit dem Olivenöl (bis
auf 2 EL) verrühren und
unter Rühren offen ein-
kochen, bis das Püree dick
wird. Salzen und pfeffern,
mit Zitronensaft cremig
schlagen. In ein Schäl-
chen füllen und auf Zim-
mertemperatur abkühlen
lassen. Mit dem restlichen
Olivenöl beträufeln, mit
Petersilie und Oliven
garnieren.
Das Erbsenpüree mit Brot
oder in Streifen geschnit-
tenem rohem Gemüse
zum Dippen servieren.

VARIANTE

In Kreta wird eine gewürfelte
Zwiebel in Olivenöl ange-
schmort, dazu kommen
gehäutete und kleinge-
schnittene Tomaten. Mit
Kreuzkümmel würzen, etwas
einkochen und die Sauce
unter das fertige Püree
mischen. Es wird in diesem
Fall warm gegessen.

Röstbrot mit Tomatenpüree

Dakos

● Für Gäste
● Preiswert

Für 4 Personen:

1 Vollkorn-Baguette zum
Aufbacken oder 3 dicke
Scheiben salziger griechi-
scher Zwieback (siehe Tip)

500 g reife Tomaten

4 Knoblauchzehen

1 TL getrocknete Kräuter
(Oregano, Rosmarin,
Minze, wenig Salbei)

Salz • Pfeffer

2 EL Olivenöl

1 TL frische Thymian-
blättchen nach Belieben

75 g Schafkäse (Feta)

Zubereitungszeit: 20 Min.

Pro Portion ca.: 1092 kJ/261 kcal
9 g Ew/6 g F/8 g Kh

1 Baguette nach Angabe im Ofen aufbacken. Sehr schräg in 3–4 cm dicke Stücke schneiden. Die Stücke zurück in den ausgeschalteten Ofen legen und 15–20 Min. trocknen lassen. Dann aus dem Ofen nehmen und abkühlen lassen. Griechischer Zwieback wird mit einem kräftigen gezackten Brotmesser längs durch die Krume halbiert.

2 Die Brotstücke auf einer Platte auslegen. Stielansätze der Tomaten entfernen. Tomaten kurz überbrühen, häuten, quer halbieren und entkernen. Knoblauch schälen, grob zerschneiden. Tomaten und Knoblauch mit den getrockneten Kräutern im Mixer pürieren, salzen und pfeffern, das Oliven- öl unterschlagen.

3 Die Sauce gleichmäßig über die Brotscheiben verteilen, mit Thymian- blättchen bestreuen. Den Schafkäse grob darüber raspeln und servieren.

TIP!

Griechischen Zwieback, Paximási, können Sie auch bei uns in griechi- schen Läden kaufen. Er ist salzig und steinhart und wird in Griechen- land in den Bäckereien lose verkauft. Vor dem Essen wird er kurz in Wasser getaucht, dann wird er wieder weich wie frisches Brot. Bei dieser Spezialität aus Kreta genügt die Feuchtigkeit der pürierten Tomaten, um ihn aufzuweichen. Das Brot muß vor dem Servieren kurz durchzie- hen, sonst ist es noch hart, aber auch nicht zu lange, sonst wird es matschig.

Gurken-Joghurt

Tsatsíki

- 🟢 Gelingt leicht
- 🟡 Preiswert

Für 4 Personen:

500 g Bulgara-Vollmilch-Joghurt oder 400 g griechischer Sahnejoghurt (10 % Fett i.Tr.)
1/2 Salatgurke (etwa 200 g)
Salz
4 Knoblauchzehen
schwarzer Pfeffer
schwarze Oliven zum Garnieren

Zubereitungszeit: 20 Min.
(+ evtl. Abtropfzeit: 2 Std.)

Pro Portion ca.: 732 kJ/175 kcal
8 g Ew/10 g F/13 g Kh

1 Wenn Sie Bulgara-Joghurt verwenden, ein Küchentuch naß machen und über ein Sieb legen. Den Joghurt in das Tuch gießen, die Enden mit einer Schnur zu einem Beutel binden. 1–2 Std. aufhängen und die Molke abtropfen lassen, bis der Joghurt fest ist. Sahnejoghurt kann ohne Abtropfen verwendet werden.

2 Die Gurke waschen, streifig schälen und auf einer Rohkostreibe grob raspeln. Mit 1 TL Salz vermischen und 10 Min. Saft ziehen lassen. Die Knoblauchzehen schälen und im Mörser zerstampfen oder durch die Presse drücken. Gurkenraspel in einem Küchenpapier fest ausdrücken und mit Knoblauch unter den Joghurt mischen, pfeffern und eventuell noch nachsalzen. Gut kühlen. Mit schwarzen Oliven garniert servieren.

Auberginen-salat

Melitsánosaláta

- 🟢 Gelingt leicht
- 🔴 Gut vorzubereiten

Für 4 Personen:

2 Auberginen (etwa 700 g)
2 EL Zitronensaft
4 Knoblauchzehen
2–3 EL griechische Mayonnaise (Rezept Seite 5, ersatzweise Mayonnaise aus dem Glas mit etwas Olivenöl verrührt)
Salz • schwarzer Pfeffer
1 Prise Zucker
1 EL Kapern

Zubereitungszeit: 15 Min.
Garzeit: 40 Min.

Pro Portion ca.: 515 kJ/123 kcal
2 g Ew/9 g F/11 g Kh

1 Den Backofen auf 225° vorheizen. Auberginen waschen, mit einer Gabel rundum mehrmals einstechen. Auf einem Backrost im Ofen (Mitte, Umluft 200°) 30–40 Min. backen, dabei ab und zu umdrehen, bis die Haut fast schwarz ist.

2 Die Auberginen etwas abkühlen lassen und die Haut abziehen. Das Fruchtfleisch mit einem scharfen Messer sehr fein hacken (nicht im Mixer pürieren, die Masse wird sonst zu flüssig). Den Zitronensaft darüber träufeln. Knoblauchzehen schälen und dazupressen, die Mayonnaise unterrühren und die Mischung mit Salz, Pfeffer und 1 Prise Zucker abschmecken. Bis zum Essen kühl stellen. Mit Kapern bestreut servieren.

Kapernsalat

Kaperisaláta

● Schnell
● Gelingt leicht

Für 4 Personen:

3 Zwiebeln
4 EL Olivenöl
150 g dicke Kapern
1 EL Weißweinessig
Salz • schwarzer Pfeffer
1 EL gehackte Petersilie

Zubereitungszeit: 20 Min.

Pro Portion ca.: 494 kJ/118 kcal
1 g Ew/7 g F/10 g Kh

1 Zwiebeln schälen, längs vierteln und in feine Streifen schneiden. In einer Kasserolle die Hälfte vom Olivenöl erhitzen, bei mäßiger Hitze die Zwiebelstreifen darin unter gelegentlichem Rühren in 10–15 Min. hellbraun karamelisieren lassen. Die Kapern abtropfen lassen, sehr salzige vorher mit warmem Wasser abspülen.

2 Die gebräunten Zwiebeln mit Essig ablöschen und die Kapern dazugeben. In ein Schüsselchen füllen und auf Zimmertemperatur abkühlen lassen. Zum Servieren den Kapernsalat mit dem restlichen Olivenöl vermischen, mit Salz und Pfeffer abschmecken und mit gehackter Petersilie bestreuen.

TIP!

Kapernsalat ist eine Spezialität der Insel Sifnos und wird als kleiner Appetitanreger zu anderen Vorspeisen serviert.

Pikante Käsecreme

Tirosaláta

● Schnell
● Gelingt leicht

Für 4 Personen:

200 g Schafkäse (Feta)
1 Zwiebel
2 Knoblauchzehen
2 frische rote Chilischoten
4–5 EL griechischer Sahnejoghurt
Salz • schwarzer Pfeffer
2 TL Paprikapulver, edelsüß
6 grüne Oliven
4 Zitronenscheiben

Zubereitungszeit: 20 Min.

Pro Portion ca.: 795 kJ/190 kcal
9 g Ew/13 g F/12 g Kh

1 Den Schafkäse am besten vorher 2 Std. in kaltes Wasser legen, damit er nicht so salzig ist. Dann abtropfen lassen und in eine Schüssel bröckeln, mit einer Gabel fein zerdrücken (nicht den Mixer nehmen, sonst wird die Creme matschig).

2 Zwiebel und Knoblauch schälen, sehr fein würfeln. Chilischoten längs aufschlitzen, unter fließendem Wasser entkernen, putzen und sehr fein hacken. Alles unter den Schafkäse rühren. So viel Joghurt untermischen, bis die Masse dickcremig ist. Vorsichtig salzen, mit Pfeffer und Paprika abschmecken. Bis zum Essen kühl stellen.

3 Die Käsecreme mit den Oliven und halbierten Zitronenscheiben garniert servieren.

Kartoffel-Tomaten-Puffer

Begli

● Gelingt leicht
● Preiswert

Für 4 Personen:

700 g mehligkochende Kartoffeln
Salz
250 g reife, aber feste Tomaten
100 g frisch geriebener Hartkäse (Kefalotiri oder Parmesan)
2 Eier
schwarzer Pfeffer
Mehl zum Wenden
Olivenöl zum Braten

Zubereitungszeit: 45 Min.

Pro Portion ca.: 1180 kJ/282 kcal
16 g Ew/12 g F/27 g Kh

1 Die Kartoffeln waschen, ungeschält in Salzwasser aufsetzen und zugedeckt 25 Min. kochen. Abgießen und ausdampfen lassen. Pellen und grob zerstampfen.

2 Stielansätze der Tomaten entfernen. Tomaten kurz überbrühen, häuten, quer halbieren und entkernen. Das Fruchtfleisch klein würfeln und auf einem Sieb gut abtropfen lassen. Das Kartoffelpüree mit Tomatenwürfeln, Käse und Eiern vermischen, bei Bedarf noch etwas Mehl dazugeben, wenn der Teig zu weich ist. Mit Salz und Pfeffer würzen.

3 Aus der Masse 16 kleine Küchlein formen, in Mehl wenden. In einer großen Pfanne 1 cm hoch Olivenöl erhitzen, die Küchlein bei mittlerer Hitze auf beiden Seiten in je 5 Min. knusprig braun braten. Auf Küchenpapier entfetten und heiß servieren.

VARIANTE

Solche Kartoffelküchlein findet man vor allem auf den Kykladen. Eine Spezialität der Insel Tinos sind getrocknete Tomaten, die in einen sehr dicken Eierkuchenteig gehüllt und wie die Kartoffel-Tomaten-Puffer gebraten werden.

Kichererbsenbällchen

Revitho-Keftédes

● Preiswert
● Gut vorzubereiten

Für 4 Personen:

200 g vorwiegend festkochende Kartoffeln
2 Dosen Kichererbsen (je 400 g Inhalt)
1 Zwiebel
2 Knoblauchzehen
2 kleine Eier
je 1/2 TL getrocknete Minze, Salbei, Thymian und Oregano
Salz
1 Msp. Cayennepfeffer
Öl zum Fritieren
2 Zitronen zum Servieren

Zubereitungszeit: 45 Min.

Pro Portion ca.: 1748 kJ/418 kcal
14 g Ew/16 g F/56 g Kh

1 Kartoffeln schälen, in kleine Würfel schneiden und in einen Topf geben. Kichererbsen samt Brühe dazugeben, aufkochen und zugedeckt bei schwacher Hitze 10 Min. garen. Inzwischen Zwiebel und Knoblauch schälen und sehr fein würfeln.

2 Kichererbsen und Kartoffeln in ein Sieb abgießen und gut abtropfen lassen. In einer Schüssel zerstampfen oder im Blitzhacker nicht zu fein pürieren. Zwiebel- und Knoblauchwürfel sowie die Eier untermischen.

Getrocknete Kräuter mit Salz in einem Mörser zerkleinern, mit 1 guten Prise Cayennepfeffer unterrühren, zur Seite stellen und 15 Min. quellen lassen.

3 Den Backofen auf 80° vorheizen. Aus der Kichererbsenmasse 16 tischtennisballgroße Kugeln formen, etwas flachdrücken. In einem breiten Topf (oder der Friteuse) das Öl erhitzen, bis an einem hineingehaltenen Holzstäbchen Blasen aufsteigen (Friteuse auf 175° stellen).

4 Die Kichererbsenbällchen portionsweise 5 Min. pro Seite braten, bis sie hellbraun sind. Fertige auf Küchenpapier abtropfen lassen und im Ofen (Mitte, Umluft 70°) warm halten. Heiß mit Zitronenvierteln garniert servieren.
Dazu Tsatsíki (Rezept Seite 6), einen bunt gemischten Salat und frisches Fladenbrot reichen.

VARIANTE

Die Kichererbsenbällchen
können ihre Verwandtschaft
mit den arabischen »Felafel«
nicht verleugnen. Auf der
Insel Santorin werden die
Bällchen aus 300 g über
Nacht eingeweichten, roh
pürierten Kichererbsen
bereitet. Das Püree wird nur
mit Mehl gebunden und mit
viel gehackter Petersilie,
frischer Minze, Salz, Zimt
und Tomatenmark gewürzt.
Aus dieser Masse flache
Frikadellen formen und
langsam in Olivenöl braten.

Im Bild oben:
Kichererbsenbällchen
Im Bild unten: Kartoffel-
Tomaten-Puffer

Tomaten mit Schinken und Käse

Áchtarmas

- Gelingt leicht
- Für Gäste

Für 4 Personen:

200 g luftgetrockneter roher oder milder, geräucherter Schinken in dickeren Scheiben
700 g reife Tomaten
250 g Schafkäse (Feta)
1 grüne Paprikaschote
3 EL Olivenöl
Salz • schwarzer Pfeffer
4 TL getrocknete Kräuter (Thymian, Rosmarin, Oregano und 1 Prise Salbei)

Zubereitungszeit: 20 Min.
Backzeit: 25 Min.

Pro Portion ca.: 1343 kJ/321 kcal
20 g Ew/22 g F/12 g Kh

1 Backofen auf 220° vorheizen. Den Schinken in etwa 3 x 5 cm große Stücke schneiden. Tomaten waschen, Stielansätze entfernen. Tomaten in dicke Scheiben schneiden. Schafkäse in etwa 7 x 7 cm große, dickere Scheiben teilen. Paprikaschote putzen und waschen, in Streifen schneiden.

2 Vier kleine, höhere feuerfeste Förmchen (etwa 12 cm Ø) oder eine größere Auflaufform mit 1 EL Öl ausstreichen, die Hälfte der Schinkenscheiben hineinlegen, mit einem Drittel der Tomatenscheiben abdecken, salzen und pfeffern. Restlichen Schinken, Paprikastreifen und wieder ein Drittel Tomatenscheiben darauflegen, salzen und pfeffern, mit Schafkäsescheiben belegen. Mit restlichen Tomatenscheiben abdecken, mit Salz, Pfeffer und dick mit den getrockneten Kräutern bestreuen. Das restliche Olivenöl darüber träufeln.

3 Im Backofen (Mitte, Umluft 200°) 20–25 Min. backen. Heiß in den Töpfchen (oder in der Form) mit Fladenbrot servieren.

TIP!

Für diese kleine warme Vorspeise aus Nordgriechenland eignet sich milder Schwarzwälder oder spanischer Serrano-Schinken.
In Griechenland werden die getrockneten Blüten der Mittelmeer-Strohblume vorm Überbacken über das Gericht gestreut.

Rote Paprikaschoten mit Schafkäse

Florinis jemistés

● Braucht etwas Zeit
● Gut vorzubereiten

Für 4 Personen:

4 große rote Spitzpaprika-schoten (etwa 350 g)
75 g Schafkäse (Feta)
2 Knoblauchzehen
je 1/2 TL getrockneter Oregano und Rosmarin
Salz • schwarzer Pfeffer
1 EL Zitronensaft
1 EL Olivenöl

Zubereitungszeit: 40 Min.

Pro Portion ca.: 602 kJ/144 kcal
5 g Ew/6 g F/19 g Kh

1 Backofen auf 250°, möglichst mit zugeschaltetem Grill, vorheizen. Die Paprikaschoten waschen, vorsichtig den Strunk herausschneiden und die Kerne und Trennwände durch dieses Loch entfernen, ohne die Schoten zu beschädigen. Auf ein Backblech mit Backpapier legen und im Backofen 5 Min. backen, bis die Haut dunkelbraun wird, dann die Schoten umdrehen und auch auf der anderen Seite in 5 Min. bräunen.

2 Aus dem Ofen nehmen und 10 Min. abkühlen lassen. Noch warm die Haut abziehen.

3 Den Schafkäse in 2 cm breite, 1/2 cm dicke Streifen schneiden. Knoblauch schälen und fein hacken. Die Kräuter auf einen Teller streuen, mit dem Knoblauch vermischen. Die Schafkäsestreifen in Kräutern und Knoblauch wenden, in die Paprikaschoten füllen, außen leicht salzen und pfeffern.

4 Nochmals 5 Min. in den heißen Ofen schieben, herausnehmen, auf einer Platte anrichten und mit Zitronensaft und Olivenöl beträufeln. Warm zu anderen Vorspeisen servieren.

TIP!

Den roten Spitzpaprika finden Sie bei uns auf den Märkten vom Sommer bis zum Spätherbst. Ersatzweise können Sie auch längs halbierte rote Paprikaschoten nehmen.

Bauernsalat auf Insel-Art

Choriátiki

● Gelingt leicht
● Schnell

Für 4 Personen:

600 g reife Tomaten
500 g kleine Gärtner-
Gurken
30 g grüne fleischige
Algensprossen (siehe Tip,
ersatzweise Kapern oder
eingelegte Knoblauch-
sprossen)
Salz • schwarzer Pfeffer
100 g weicher Schaf-
oder Ziegenfrischkäse
1 TL getrockneter Oregano
4 EL ganz kleine
schwarze Oliven
8 EL Olivenöl

Zubereitungszeit: 20 Min.

Pro Portion ca.: 1251 kJ/299 kcal
10 g Ew/25 g F/11 g Kh

1 Von den Tomaten den
Stielansatz entfernen, die
Früchte achteln. Gurke
streifig schälen und quer
in 3 cm lange Stücke
schneiden. Tomaten und
Gurken auf tiefe Teller
verteilen.

2 Die Algensprossen mit
kochendem Wasser über-
gießen, ganz kurz ziehen
lassen, dann in ein Sieb
gießen und abtropfen
lassen. Über den Salat
streuen. Salzen und
pfeffern. Vom Frischkäse
mit einem Eßlöffel
Nocken abstechen und

auf den Salat setzen, mit
Oregano bestreuen. Die
Oliven auf dem Salat
verteilen und alles mit
Olivenöl beträufeln.
Mit Weißbrot oder
Fladenbrot servieren.

VARIANTE

Die einfachste Art des
Bauernsalats besteht aus
großen Tomaten- und
Gurkenstücken, schwarzen
Oliven und einem Stück
Fetakäse, mit getrocknetem
Oregano bestreut. Dazu
kommen oft milde Zwiebeln,
in Streifen geschnitten, und
grüne Paprikaschoten, in
Ringe geteilt. Über alles wird
reichlich Olivenöl gegossen.
Den Touristen zuliebe, die
sich einen Salat ohne Essig
nicht vorstellen können, wird
auch noch ein Fläschchen mit
mildem Weißweinessig dazu-
gestellt.

TIP!

Auf den griechischen
Inseln wird der Bauern-
salat mit einer fleischi-
gen, salzig schmecken-
den Algenart gewürzt,
die an Felsen am Meer
wächst – ähnliche
Algensprossen gibt es
manchmal auch bei uns
in Fischgeschäften oder
auf dem Markt.

Grüner Gemüsesalat

Chórta

● Gelingt leicht
● Schnell

Für 4 Personen:

700 g Stengelkohl
(ersatzweise großblättriger
Freilandspinat, siehe Tip)
Salz
3–4 Knoblauchzehen
schwarzer Pfeffer
6–8 EL Olivenöl
2 Zitronen

Zubereitungszeit: 30 Min.

Pro Portion ca.: 803 kJ/192 kcal
5 g Ew/16 g F/14 g Kh

1 Den Stengelkohl verle-
sen, gründlich waschen
und die Blätter abtrennen,
die Stengel entfädeln und
in 5 cm lange Stücke
schneiden.

2 Reichlich Salzwasser
aufkochen, zuerst die
Stengel 5 Min. kochen,
dann die Blätter dazu-
geben und noch 5–8 Min.
(Spinat insgesamt nur
5–8 Min.) kochen. In kal-
tem Wasser abschrecken
und gut abtropfen lassen,
auf Teller verteilen.

3 Knoblauch schälen und
ganz fein hacken, über
das Gemüse streuen,
salzen und pfeffern. Mit
Olivenöl beträufeln, mit
Zitronenvierteln garnieren
und sofort servieren.

Jeder träufelt sich Zitronensaft nach Belieben
darüber.

TIP!

Im späten Frühjahr wird
auf Kreta und den Kykla-
deninseln fleißig Wild-
gemüse gesammelt
(Brassica campestris, eine
Wildform des Stengel-
kohls und Brokkolis) und
lauwarm oder kalt mit Öl
und Zitrone als »Chórta«
serviert. Am nächsten
kommt ihm der Stengel-
kohl (Cime di Rapa), der
fast ganzjährig bei uns
auf den Märkten zu fin-
den ist. Sie können er-
satzweise Spinat neh-
men, aber auch selbst
gesammelte Wildkräuter
wie junge Brennesseln,
Löwenzahn, Brunnen-
kresse und Radieschen-
blätter für den Gemüse-
salat verwenden.

Im Bild oben:
Grüner Gemüsesalat
Im Bild unten:
Bauernsalat auf Insel-Art

Pikanter Oktopus-Salat

Ochtapódi saláta

🔵 Gelingt leicht
🔴 Gut vorzubereiten

Für 4 Personen:

1 kg Oktopus (Krake, geputzt)
Salz
3 Lorbeerblätter
8 EL Weißweinessig
4 frische, milde grüne Peperoni oder 2 kleine grüne Paprikaschoten
1 große Zwiebel
1 Bund Petersilie
je 1/2 TL schwarze Pfefferkörner, Piment und Kreuzkümmel
1 Kardamomkapsel
4 EL Olivenöl

Zubereitungszeit: 20 Min.
Garzeit: 1 Std.
Kühlzeit: 30 Min.

Pro Portion ca.: 1180 kJ/282 kcal
32 g Ew/10 g F/17 g Kh

1 Den Oktopus waschen und die harten Beißwerkzeuge an der Kopfunterseite entfernen.

2 In einem großen Topf 1 l Wasser mit 2 TL Salz, Lorbeerblättern und 4 EL Essig aufkochen. Den Oktopus einlegen, Deckel auflegen und bei ganz schwacher Hitze 30 Min. ziehen lassen. Vom Herd nehmen und 30 Min. im Sud abkühlen lassen. Auf ein Sieb heben und abtropfen lassen. Unter fließendem kaltem Wasser die Haut abrubbeln, Körper und Tentakel in 2 cm breite Stücke schneiden.

3 Die Peperoni oder Paprika längs aufschlitzen, unter fließendem Wasser die Kerne entfernen, Schoten in feine Streifen schneiden. Zwiebel schälen und in Streifen schneiden. Petersilie waschen und grob zerschneiden. Alles in eine Schüssel füllen und die Oktopusstücke untermischen.

4 Die Gewürze (von der Kardamomkapsel nur die schwarzen Körner) mit etwas Salz im Mörser zerreiben, mit 4 EL Essig und Öl verrühren, zum Salat geben und untermischen. Kühl stellen und 30 Min. durchziehen lassen.
Den Salat mit Fladenbrot servieren.

TIP!

Mit anderen Vorspeisen reicht der Salat auch für 8 Personen. Tiefgekühlten Oktopus langsam (am besten über Nacht) im Kühlschrank auftauen lassen.

Krautsalat mit Möhren und Dill

Láchanosaláta

● Schnell
● Kalorienarm

Für 4 Personen:

600 g Weiß- oder Rotkohl (oder beide gemischt)
Salz
150 g Möhren
1 Bund Dill
2 EL Knoblauch- oder milder Weißweinessig
2 EL Olivenöl
schwarzer Pfeffer

Zubereitungszeit: 30 Min.

Pro Portion ca.: 318 kJ/74 kcal
2 g Ew/4 g F/9 g Kh

1 Den Kohl waschen, längs vierteln und den Strunk ausschneiden. Die Kohlviertel mit Messer oder Krauthobel in dünne Streifen schneiden. In eine Salatschüssel geben und mit 1 TL Salz bestreuen. Mit den Händen kräftig durchkneten, bis die Kohlstreifen glasig aussehen.

2 Möhren schälen, in streichholzdicke Streifen schneiden oder hobeln. Unter den Kohl mischen. Dill waschen, Blättchen fein schneiden und mit dem Salat mischen. Essig und Olivenöl darüber gießen, mit Pfeffer bestreuen und durchmischen. Bis zum Servieren 15 Min. ziehen lassen.

VARIANTEN

Kohlsalat wird gern und oft gegessen. Sie können auch einfach nur Weißkraut hobeln, mit Salz durchkneten und mit Dill und Joghurt anmachen.
Für einen dreifarbigen Krautsalat (Saláta tria chromata) werden Weiß- und Rotkohl getrennt geraspelt, mit Salz gemischt und als breite Streifen auf einer Platte angerichtet, in die Mitte kommt ein Streifen aus geraspelten Möhren.
Mit einer Salatsauce aus Zitronensaft, Salz, Pfeffer und Olivenöl beträufeln und nach Belieben mit halbierten Zitronenscheiben garnieren.

Suppen spielen in Griechenland keine so große Rolle wie bei uns. Es gibt sie meist im Winter zum Aufwärmen oder mal – lauwarm oder kalt – im Sommer zum Erfrischen. An den Küsten allerdings wird oft Fischsuppe (Psarósupa oder Kakaviá) gekocht. Dahinter kann sich eine leichte Suppe aus Fischbrühe mit Gemüse, Reis und viel Zitronensaft verbergen, wie auch ein komplettes Gericht, bei dem Brühe und ganze Fische mit Gemüse getrennt serviert werden. Eine Spezialität, die es traditionell nur an Ostern gibt, ist die Majiritsa, eine Suppe aus frischen Lamminnereien.

Heiß geliebt: Eintöpfe

Vor allem die Hülsenfrüchte haben es den Griechen angetan. Das ganze Jahr über gibt es in den ländlichen Tavernen wenigstens einen Eintopf aus Linsen, Bohnen oder Kichererbsen. Allerdings werden sie nicht wie bei uns mit Speck oder Fleisch gekocht, sondern mit Tomaten, Zwiebeln und Olivenöl. Je nach Vorliebe des Tavernenwirtes können sie mild oder auch pikant bis scharf gewürzt sein.
Nach einigen kleinen Vorspeisen oder einem Salat sind sie – mit frischem Landbrot – ein sättigendes Hauptgericht.

Keine Beilage: Gemüsegerichte

Im Land selbst spielen die Gemüsegerichte eine viel größere Rolle als bei unseren griechischen Lokalen. Das orthodoxe Kirchenjahr schreibt viele Fastentage vor, an denen kein Fleisch gegessen werden darf, so gibt es eine Fülle von Gerichten aus Auberginen und Zucchini, dicken und grünen Bohnen, roten Beten, Artischocken, Möhren und Kartoffeln.

Suppen, Eintöpfe und Gemüse

Selten solo

Gemüse werden auf dem Herd geschmort oder in einem »Tapsí«, einer runden, mittelhohen Form aus Ton oder Metall, im Ofen lange gegart. Selten kommt nur eine Sorte allein in den Topf, es ergänzen sich immer mehrere in Geschmack und Aussehen. Typisch ist die Art, wie sie vorbereitet werden. Die Hauptzutat wie Auberginen, breite Bohnen oder Kartoffeln wird in sehr große Stücke zerteilt. Begleitende Gemüse wie Möhren oder Zucchini werden in dünne Scheiben geschnitten und das Würzgemüse, Zwiebeln, Knoblauch und Staudensellerie, so winzig klein gewürfelt, daß sie beim Schmoren zerfallen und die Sauce binden.
Die Tomaten, die fast zu jedem Gemüsegericht gehören, werden immer gehäutet und sorgfältig entkernt. Vervollständigt werden die Gerichte mit zerbröckeltem Feta oder quarkähnlichem Schaf- oder Ziegenfrischkäse (wenn sie warm serviert werden) oder mit dickem Joghurt, wenn das Gemüse kalt gegessen wird.

Eine Kunst: Schmoren in Öl

Wenn die Gerichte bei Ihnen nicht so schmecken wie in Griechenland, dann liegt das meist nicht (oder nicht nur) am Gemüse, sondern an der Schmortechnik. Zwiebeln und kleingewürfelte Würzgemüse werden nie bei starker Hitze gebräunt, sondern bei milder Hitze sachte und langsam gedünstet, bis sie goldgelb karamelisieren, ohne zu bräunen. In den Rezepten wird das »mäßige Hitze« genannt. Sie erkennen die richtige Einstellung daran, daß das Öl beim Anschmoren nur leise rauscht, es darf niemals zischen oder pratzeln, wenn Sie das Gemüse ins Öl rühren.

Das beste: Olivenöl

Das fruchtige, hell- bis gelbgrüne Olivenöl wird oft und viel verwendet – heute allerdings nicht mehr ganz so üppig wie früher. Es gehört an jeden Salat, wird zum Braten, Grillen und Schmoren genommen. Neben dem kaltgepreßten Olivenöl (nativ extra) gibt es noch ein einfacheres, bei dem die Oliven mit stärkerem Druck gepreßt werden. Dieses Öl eignet sich zum Schmoren. Zum Fritieren und Ausbacken wird aber in der Regel ein neutrales Pflanzenöl (meist Sonnenblumenöl) verwendet.

Typische Zutaten für griechische Schmorgenüsse: Auberginen, Zucchini, Möhren, Tomaten und Schafkäse als krönender Abschluß.

In Hülle und Fülle: Käse

Käse gehört zu jeder Mahlzeit. Bei uns überall erhältlich ist der Féta, ein frischer Weißkäse, der original aus Schaf- oder Ziegenmilch bereitet und in eine salzige Lake eingelegt wird, die das Reifen verhindert. Aus Kuhmilch hergestellter Fetakäse ist milder und nicht mit dem Original zu vergleichen. Eine der vielen Käsesorten ist der Graviéra, die griechische Variante des Gruyères aus Schafmilch. Wer ihn nicht bekommt, nimmt Greyerzer oder Bergkäse. Kefalotiri ist ein pikanter, salziger Hartkäse aus Schaf- und Ziegenmilch und wird meist gerieben. Als Ersatz eignen sich harter Pecorino, Parmesan oder alter Gouda. Manoúri ist ein fetter Molkenkäse aus Schafmilch, er ähnelt dem Feta, ist aber mild und cremig. Bei uns ist er oft erhältlich, ersatzweise Feta in kaltem Wasser 2 Stunden entsalzen. Der Rokfór, der Name läßt es ahnen, ist die griechische Version eines Blauschimmelkäses, er ist aber fester als das französische Original und entspricht eher unserem Bergaderkäse.

Paprika-Wurst-Eintopf

Spetsofai

● Gelingt leicht
● Preiswert

Für 4 Personen:

1 kg grüne Paprikaschoten
750 g reife Tomaten
2 Zwiebeln
4 Knoblauchzehen
4 geräucherte, grobe
Bauern-Bratwürste
6 EL Olivenöl
1 TL Zucker
je 1/2 TL getrockneter
Thymian und Oregano
1 Msp. Muskatnuß,
frisch gerieben
Salz • schwarzer Pfeffer
2 EL gehackte Petersilie

Zubereitungszeit: 30 Min.
Garzeit: 40 Min.

Pro Portion ca.: 2175 kJ/520 kcal
16 g Ew/39 g F/31 g Kh

1 Paprikaschoten waschen, halbieren, putzen und der Länge nach in breite Streifen schneiden. Stielansätze der Tomaten entfernen. Tomaten kurz überbrühen, häuten, quer halbieren und entkernen, in kleine Stücke schneiden.

2 Zwiebeln und Knoblauch schälen, klein hacken. Die Bratwürste in dicke Scheiben schneiden.

3 In einem breiten Schmortopf 6 EL Öl auf mäßiger Stufe erhitzen. Die Bratwürste rundum 7 Min. anbraten, dann herausnehmen und beiseite stellen.

4 Paprikastreifen im verbliebenen Öl rundum 10 Min. anbraten, sie sollen nur leicht bräunen. Paprika herausheben, im verbliebenen Öl Zwiebeln und Knoblauch goldgelb schmoren. Mit Zucker, Kräutern und Gewürzen bestreuen und die Tomaten dazugeben.

5 Bei kleiner Hitze 10 Min. offen köcheln, bis die Tomaten zerfallen sind. Die Paprikastücke und die Wurst dazugeben, bei schwacher Hitze 40 Min. zugedeckt schmoren (nur wenn nötig wenig Wasser angießen, die Sauce soll dick sein). Mit Petersilie bestreut servieren.

VARIANTE

Der Eintopf schmeckt auch mit kleinen Nürnberger Bratwürstchen oder Pfefferbeißern. Diese im Ganzen braten, dann bleiben sie saftiger.

Gefüllte Tomaten

Domatés jemistés

● Braucht etwas Zeit
● Vegetarisch

Für 4 Personen:

150 g Langkornreis
(kein Parboiled-Reis!)
8 mittelgroße Fleisch-
tomaten (etwa 1,3 kg)
Salz
1 EL Tomatenmark
1 Stange Staudensellerie
mit Blättchen
1 Bund Dill
2 Knoblauchzehen
6 EL Olivenöl
1 TL Zimtpulver
schwarzer Pfeffer
Zucker
2 EL Semmelbrösel
6 Kartoffeln

Zubereitungszeit: 30 Min.
Garzeit: 2 Std.

Pro Portion ca.: 2690 kJ/643 kcal
14 g Ew/12 g F/125 g Kh

1 Den Reis mit heißem Wasser übergießen und 20 Min. einweichen. Tomaten waschen und oben einen Deckel abschneiden, das Innere mit einem Kugelausstecher aushöhlen. Tomaten innen leicht salzen, umgedreht abtropfen lassen. Das Fruchtfleisch durch ein Sieb streichen und mit Tomatenmark verrühren.

2 Staudensellerie waschen, die Blättchen abzupfen und fein hacken, ebenso den Dill. Reis abtropfen lassen. Knoblauch schälen und durchgepreßt zum Reis geben. Mit den gehackten Kräutern, 4 EL Olivenöl, Zimt, Salz und Pfeffer gründlich vermischen.

3 Die Tomaten innen mit 1 Prise Zucker ausstreuen, in eine mittelhohe Auflaufform setzen. Mit der Reismischung locker füllen, nicht festdrücken. Jeweils 2–3 EL von dem Tomatenpüree über den Reis geben, so daß er gut mit Flüssigkeit bedeckt ist. Die Tomatendeckel aufsetzen. Mit Semmelbröseln bestreuen und das restliche Olivenöl darüber träufeln.

4 Die Selleriestangen sehr fein würfeln und um die Tomaten streuen. Die Kartoffeln schälen, längs vierteln und zwischen die Tomaten legen. Das übrige Tomatenpüree mit der gleichen Menge Wasser verdünnen, mit etwas Salz, Pfeffer und 1 Prise Zucker verrühren, über die Kartoffeln gießen.

5 Die Form in den kalten Backofen (Mitte) schieben. Bei 165° (Umluft 150°) 2 Std. garen, dabei

Tomaten und Kartoffeln
ab und zu mit der Toma-
tensauce beträufeln, bei
Bedarf etwas Wasser
nachgießen. In der Form
servieren.

TIP!

Mit dieser fleischlosen
Reismischung werden
auch Paprikaschoten,
kleine Auberginen oder
Kartoffeln gefüllt.
Wichtig ist das lange
Schmoren im Ofen bei
niedriger Temperatur,
damit der Reis garen
kann. Dazu paßt ein
trockener Weißwein
(Retsina) oder ein leich-
ter Rosé.

Im Bild oben:
Paprika–Wurst–Eintopf
Im Bild unten:
Gefüllte Tomaten

Fischsuppe mit Gemüse und Reis

Psarósupa

● Gelingt leicht
● Für Gäste

Für 4 Personen:

2 Stangen Staudensellerie
1 Zwiebel
2 Knoblauchzehen
2 EL Olivenöl
2 reife Tomaten
2 vorwiegend fest- kochende Kartoffeln
2 Möhren
800 ml Fischfond (aus dem Glas)
1 Lorbeerblatt
Salz
schwarzer Pfeffer
1 Tasse Langkornreis
6 EL Zitronensaft
Zitronenviertel zum Servieren nach Belieben

Zubereitungszeit: 30 Min.
Garzeit: 35 Min.

Pro Portion ca.: 1606 kJ/387 kcal
7 g Ew/9 g F/64 g Kh

1 Staudensellerie waschen, sehr fein würfeln, die Blättchen hacken. Zwiebel und Knoblauch schälen, sehr fein hacken.

2 In einem Topf Olivenöl erhitzen, Sellerie-, Zwiebel- und Knoblauchwürfel bei mäßiger Hitze in 10 Min. hellgelb andünsten.

3 Inzwischen Stielansätze der Tomaten entfernen. Tomaten kurz überbrühen, häuten, quer halbieren und entkernen, klein würfeln. Kartoffeln und Möhren schälen, Möhren längs vierteln und in 3 cm lange Stücke schneiden. Die Kartoffeln in ebenso große Stücke schneiden.

4 Das Gemüse in den Topf geben, Fischfond und 300 ml Wasser angießen, Lorbeer dazugeben, salzen und pfeffern. Offen 15 Min. köcheln lassen.

5 Dann den Reis einstreuen, die gehackten Sellerieblättchen dazugeben und noch 20 Min. garen. Mit Salz, Pfeffer und reichlich Zitronensaft abschmecken. Nach Belieben mit Zitronenvierteln servieren.

> **TIP!**
>
> Wer die Suppe leicht gebunden mag, rührt 1 EL Mehl mit dem Zitronensaft an, gibt die Mischung zur Suppe und läßt sie aufkochen.

Zitronensuppe

Súpa awgolemono

- Preiswert
- Braucht etwas Zeit

Für 4 Personen:

750 g Hühnerklein
1 Möhre
1/4 Sellerieknolle (geputzt 125 g)
2 Zwiebeln
1 TL schwarze Pfefferkörner
1 Lorbeerblatt
Salz
1/2 Tasse Langkornreis
1 unbehandelte Zitrone
2 Eier
2 EL gehackte Petersilie

Zubereitungszeit: 1 1/2 Std.

Pro Portion ca.: 1535 kJ/368 kcal
36 g Ew/14 g F/25 g Kh

1 Das Hühnerklein waschen und in einen Topf geben. Knapp 1 1/4 l Wasser aufgießen und bei mittlerer Hitze offen aufkochen.

2 Inzwischen Möhre, Sellerie und Zwiebeln schälen und grob würfeln. Von der Hühnerbrühe den Schaum abschöpfen, das Gemüse, Pfefferkörner und Lorbeer dazugeben, salzen und zugedeckt bei schwacher Hitze 1 Std. garen.

3 Das gare Hühnerklein herausheben und zur Seite stellen, die Brühe durch ein Sieb gießen und wieder zurück in den Topf füllen. Den Reis einrühren und offen bei mittlerer Hitze 15 Min. garen.

4 Inzwischen das Hühnerklein enthäuten und das Fleisch ablösen, in Streifen schneiden. Die Zitrone heiß abwaschen, halbieren und von den Hälften 4 dünne Scheiben abschneiden. Die restlichen Hälften auspressen.

5 In einer Schüssel Eier mit dem Zitronensaft kräftig verrühren und langsam etwa 1 Tasse heiße Suppe unterschlagen. Die Mischung in die heiße Suppe rühren. Hühnerfleischstreifen in die Suppe geben. Die Suppe erhitzen, bis sie gebunden ist, sie darf aber nicht mehr kochen. Mit Petersilie bestreuen und mit den Zitronenscheiben garnieren.

Gefüllte Zucchini

Kolokidákja jemistá

- Gelingt leicht
- Preiswert

Für 4 Personen:

2 Zucchini (etwa 600 g)
150 g Schweinemett
4 EL Semmelbrösel
2 Eiweiße
1 EL feingehackte Petersilie
Salz • schwarzer Pfeffer
1 Zwiebel
2 EL Butter
1 EL Mehl
1/2 l Fleischbrühe (Instant)
2 Eigelbe
4 EL Zitronensaft

Zubereitungszeit: 20 Min.
Garzeit: 30 Min.

Pro Portion ca.: 858 kJ/205 kcal
13 g Ew/11 g F/13 g Kh

1 Zucchini waschen, die Enden abschneiden. Zucchini in etwa 5 cm lange Stücke schneiden, mit einem Apfelaussstecher das Innere aushöhlen, beiseite stellen. Etwa 1/2 cm Rand stehenlassen.

2 Für die Füllung Schweinemett in eine Schüssel füllen, mit Semmelbröseln, Eiweißen und gehackter Petersilie mit einer Gabel verkneten. Die Masse mit Salz und Pfeffer abschmecken und in die Zucchini füllen.

3 Die Zwiebel schälen und fein hacken. In einem breiten Schmortopf Butter erhitzen, Zwiebelwürfel bei mäßiger Hitze 7 Min. sachte andünsten. Das Zucchiniinnere fein hacken und dazugeben. Das Mehl darüber streuen und unterrühren. Brühe aufgießen, die gefüllten Zucchinistücke in die Sauce legen, mit Salz und Pfeffer würzen. Zugedeckt bei schwacher Hitze 30 Min. garen.

4 Die gefüllten Zucchini auf Teller heben. Die Sauce im Topf mit einem Pürierstab pürieren oder durch ein Sieb streichen. Wieder erhitzen. Eigelbe mit Zitronensaft verquirlen, in die Sauce rühren und vorsichtig erhitzen, bis die Sauce bindet, aber nicht mehr kochen lassen. Über die Zucchini gießen und servieren.
Dazu passen kleine, im Ganzen gekochte Salzkartoffeln.

Gemüse mit Joghurt

Briam me jaúrti

- Vegetarisch
- Gut vorzubereiten

Für 4 Personen:

2 Auberginen (etwa 600 g)
Salz
6 kleine Zucchini (etwa 800 g)
6 festkochende Kartoffeln (etwa 600 g)
6 Tomaten (etwa 600 g)
2 große Zwiebeln
2 Knoblauchzehen
8 EL Olivenöl
400 ml Gemüsebrühe
2 EL Tomatenmark
je 1 TL Kreuzkümmel, getrockneter Oregano und Thymian
1–2 kleine, getrocknete rote Chilischoten
2 Zweige frische Minze
2 Blätter frischer Salbei
schwarzer Pfeffer
400 g fester Joghurt (Vollmilch- oder griechischer Sahnejoghurt)
1 TL Paprikapulver, rosenscharf

Zubereitungszeit: 25 Min.
Garzeit: 1 Std.

Pro Portion ca.: 2054 kJ/491 kcal
15 g Ew/21 g F/68 g Kh

1 Auberginen putzen, längs vierteln, in 10 cm lange Stücke schneiden, Schnittflächen gut salzen. Zucchini (kleine unzerteilt, große längs geviertelt) in 5 cm lange Stücke schneiden. Kartoffeln schälen, längs vierteln. Stielansätze der Tomaten entfernen. Tomaten kurz überbrühen, häuten, quer halbieren und entkernen, grob zerschneiden. Zwiebeln und Knoblauch schälen, grob würfeln.

2 In einer großen Schmorpfanne Olivenöl erhitzen, Zwiebeln und Knoblauch bei mäßiger Hitze sachte 5 Min. anbraten.

3 Auberginen mit Küchenpapier trocknen, in die Pfanne geben und bei mittlerer Hitze 5–10 Min. rundum anbraten. Zucchini und Kartoffeln dazugeben, alles zusammen 3–4 Min. schmoren. Die Tomatenstücke unterrühren, anschmoren, bis sie zerfallen. Kurz bevor das Gemüse am Pfannenboden anhängt, Brühe aufgießen und das Tomatenmark einrühren.

4 Kreuzkümmel, Oregano, Thymian und Chilischoten mit etwas Salz im Mörser grob zerstoßen, zum Gemüse geben. Minze- und Salbeiblättchen grob hacken, unter das Gemüse rühren. Alles zugedeckt bei schwacher Hitze 45 Min.–1 Std. schmoren lassen. Mit Salz und Pfeffer abschmecken.

5 Den Briam in Portions-schüsselchen anrichten. Joghurt mit etwas Salz glattrühren, über das Gemüse verteilen, mit Paprikapulver bestreuen und lauwarm servieren. Servieren Sie Weißbrot oder frisch aufgebacke-nes Sesambrot dazu.

VARIANTE

Unter dem Namen »Briam« findet man die unterschied-lichsten Gemüsegerichte. Statt mit Joghurt wird er auch mit zerbröckeltem Fetakäse bestreut im Ofen überbacken.

Im Bild oben:
Gemüse mit Joghurt
Im Bild unten:
Gefüllte Zucchini

Champignons mit Käse überbacken

Manitárja sto fúrno

- Vegetarisch
- Für Gäste

Für 4 Personen:

| 1 kg helle Champignons |
| 2 EL Zitronensaft |
| 600 g reife Tomaten |
| 2 Zwiebeln |
| 4 Knoblauchzehen |
| 4 EL Butter |
| 1 EL Mehl |
| 100 g Sahne |
| 1 getrocknete Chilischote |
| je 1 TL getrockneter Oregano und Rosmarin |
| Salz • schwarzer Pfeffer |
| 150 g fester Edelpilzkäse |
| Fett für die Form |

Zubereitungszeit: 35 Min.
Backzeit: 15 Min.

Pro Portion ca.: 1815 kJ/434 kcal
17 g Ew/31 g F/30 g Kh

1 Die Champignons mit Küchenpapier säubern, in Scheiben schneiden. Mit Zitronensaft beträufeln. Stielansätze der Tomaten entfernen. Tomaten kurz überbrühen, häuten, quer halbieren und entkernen. Das Fruchtfleisch klein würfeln. Zwiebeln und Knoblauch schälen, sehr fein hacken.

2 In einer großen Pfanne Butter erhitzen, bei mittlerer Hitze Zwiebeln und Knoblauch in 5 Min. goldgelb anbraten. Die

Champignons dazugeben und bei etwas stärkerer Hitze 10 Min. braten, bis der Pilzsaft verdampft ist und die Pilze leicht bräunen.

3 Backofen auf 225° vorheizen. Die Tomatenwürfel zu den Pilzen geben, kurz anschmoren. Das Mehl mit wenig kaltem Wasser anrühren. Mit der Sahne zu den Pilzen geben, aufkochen. Chilischote zerbröseln, mit Oregano und Rosmarin unterrühren und 5 Min. köcheln lassen, bis die Sauce angedickt ist. Mit Salz und Pfeffer abschmecken.

4 Eine flache feuerfeste Form (oder Portionsförmchen) fetten. Champignons einfüllen. Den Käse in ganz dünne Scheiben schneiden, darüber verteilen. Im Backofen (Mitte, Umluft 200°) 15 Min. gratinieren, bis die Oberfläche leicht gebräunt ist. Sofort mit frischem Weißbrot servieren.

Überbackene Auberginen

Melitsánes paputsákia

- Braucht etwas Zeit
- Vegetarisch

Für 4 Personen:

| 2 große Auberginen (etwa 700 g) |
| Salz |
| 700 g reife Tomaten |
| 3 Zwiebeln |
| 4 Knoblauchzehen |
| 1 Bund Petersilie |
| 2 Zweige frischer Oregano (ersatzweise 1 TL getrockneter) |
| 6 EL Olivenöl |
| **Für die Bechamelsauce:** |
| 1 EL Butter |
| 2 EL Mehl |
| 300 ml Milch |
| 130 g frisch geriebener Hartkäse (Kefalotiri oder Parmesan) |
| weißer Pfeffer |
| Muskatnuß, frisch gerieben |
| 2 Eigelbe |
| 2 EL Tomatenmark |
| Prise Zucker |

Zubereitungszeit: 50 Min.
Backzeit: 30 Min.

Pro Portion ca.: 1995 kJ/477 kcal
19 g Ew/31 g F/36 g Kh

1 Auberginen waschen, putzen und längs halbieren, mit Salz bestreuen. 15 Min. ziehen lassen. Backofen auf 175° vorheizen.

2 Stielansätze der Tomaten entfernen. Tomaten kurz überbrühen, häuten, quer halbieren und zum Entkernen die Hälften fest

ausdrücken, den Saft auffangen. Das Tomatenfleisch klein würfeln. Zwiebeln und Knoblauch schälen, fein würfeln. Kräuterblättchen hacken.

3 Von den Auberginen das Salz abwaschen. Auberginen mit Küchenpapier trockentupfen. Ein Backblech mit 2 EL Öl bestreichen, die Auberginen (Schnittflächen nach unten) darauf setzen, im Backofen (Mitte, Umluft 160°) 20 Min. backen.

4 In einer Kasserolle 2 EL Öl erhitzen, bei mäßiger Hitze Zwiebeln und Knoblauch in 10 Min. goldfarben schmoren.

5 Inzwischen für die Bechamelsauce die Butter bei mittlerer Hitze zerlassen, Mehl einstreuen und aufschäumen lassen. Milch aufgießen, unter Rühren 5 Min. leise köcheln lassen, bis die Sauce gebunden ist. 100 g Käse unterrühren, mit Salz, Pfeffer und Muskat würzen. Den Topf vom Herd nehmen und die Eigelbe kräftig unterrühren.

6 Tomatenwürfel und die Kräuter zu den Zwiebeln und dem Knoblauch in die

Kasserolle geben, in
10–15 Min. zu einem
dicken Püree einkochen.

7 Die Auberginen aus
dem Ofen nehmen, etwas
aushöhlen. Das Frucht-
fleisch hacken, zu den
Tomaten geben, wieder
dick einkochen, mit Salz,
Pfeffer und Zucker ab-
schmecken. Auberginen in
eine flache Form setzen.
Das Fruchtfleisch in die
Auberginenhälften füllen
und die Bechamelsauce
darüber verteilen. Mit
dem restlichem Käse
bestreuen.

8 Tomatenmark mit dem
ausgepreßten Tomaten-
saft, 150 ml Wasser und
2 EL Olivenöl verrühren,
etwas salzen und um die
Auberginen gießen. Im
Backofen (Mitte, Umluft
160°) 25–30 Min. backen,
bis die Oberfläche leicht
gebräunt ist.
Dazu Sesam-Fladenbrot
servieren.

Im Bild oben:
Überbackene Auberginen
Im Bild unten:
Champignons mit Käse
überbacken

Artischocken-Gemüse

Anginäres laderes

● Vegetarisch
● Gelingt leicht

Für 4 Personen:

2 mittelgroße Zucchini
(etwa 500 g)
2 kleine Fenchelknollen
(etwa 500 g)
2 große Möhren
400 g festkochende
Kartoffeln
6 EL Olivenöl
300 ml Gemüsebrühe
Salz
je 1/2 TL getrockneter
Thymian und Bohnenkraut
1 Dose Artischockenherzen
(400 g Inhalt)
1 EL gehackte Petersilie

Zubereitungszeit: 35 Min.
Garzeit: 45 Min.

Pro Portion ca.: 1322 kJ/316 kcal
10 g Ew/13 g F/46 g Kh

1 Zucchini waschen, Stengelansätze entfernen, Zucchini in 3 cm dicke Scheiben schneiden. Fenchelknollen putzen, waschen, längs vierteln und quer in 2 cm breite Streifen schneiden. Möhren schälen, sehr schräg in 1/2 cm dicke Scheiben schneiden. Kartoffeln waschen, schälen, in 3 cm dicke Scheiben schneiden.

2 In einem breiten Schmortopf Olivenöl erhitzen, Zucchinischeiben bei mittlerer Hitze auf beiden Seiten in 5–7 Min. hellbraun anbraten, herausheben und auf Küchenpapier entfetten.

3 Im verbliebenen Öl nun bei mäßiger Hitze das übrige Gemüse 10 Min. sachte andünsten. Die Brühe angießen, mit Salz, Thymian und Bohnenkraut würzen. Zugedeckt bei schwacher Hitze 35 Min. dünsten.

4 Die Zucchinischeiben und die abgetropften Artischockenherzen dazugeben, alles noch 10 Min. dünsten. Mit Petersilie bestreut servieren.

> **TIP!**
>
> Wenn Sie frische Artischocken verwenden wollen, erst alle Blätter abziehen, die Böden vierteln und das »Heu« entfernen. Die frischen Artischocken von Anfang an mitschmoren.

Rote Bete mit Knoblauchsauce

Patsária me skordália

- 🟢 Gelingt leicht
- 🔵 Kalorienarm

Für 4 Personen:

1,2 kg kleine rote Beten mit Blättern
200 g vorwiegend festkochende Kartoffeln
Salz
100 ml Milch
100 g Sahnejoghurt
6–8 Knoblauchzehen
2 EL Olivenöl
1 EL Essig
3 EL Zitronensaft
weißer Pfeffer

Zubereitungszeit: 30 Min.
Garzeit: 45 Min.

Pro Portion ca.: 837 kJ/200 kcal
6 g Ew/7 g F/31 g Kh

1 Rote Bete gründlich waschen und bürsten, die Blätter mit den Stengeln waschen und in 5 cm lange Stücke schneiden. Kartoffeln gründlich waschen.

2 Rote Bete und Kartoffeln in einen Topf geben, halb mit Salzwasser bedecken und 45 Min. zugedeckt leise köcheln, nach 20 Min. die Blätter mit Stengeln dazugeben und mitgaren.

3 Das Gemüse abgießen. Die roten Beten schälen und vierteln. Die Kartoffeln pellen und mit einem Kartoffelstampfer zerdrücken. Milch und Joghurt unterrühren. Knoblauchzehen schälen und dazupressen, alles mit Olivenöl, Essig und Zitronensaft zu einer fast flüssigen Sauce verquirlen, mit Salz und Pfeffer abschmecken.

4 Rote Bete mit Blättern auf einer Platte anrichten und mit der Knoblauchsauce übergießen. Lauwarm oder kalt servieren, frisches Weißbrot oder Sesam-Fladenbrot dazu reichen.

VARIANTE

Die Knoblauchsauce (Skordália) wird auch statt mit Joghurt mit 2 Scheiben altbackenem Weißbrot, entrindet und in Wasser eingeweicht, angerührt. Geben Sie dann etwas mehr Olivenöl dazu.

Spaghetti aus dem Ofen

Makarónia sto fúrno

● Gelingt leicht
● Preiswert

Für 4 Personen:

1,3 kg reife Tomaten
1 Zwiebel
2 EL Olivenöl
je 1/2 TL getrockneter Thymian und Oregano
1 Prise Zucker
Salz • schwarzer Pfeffer
2 EL Tomatenmark
1 EL gehackte Petersilie
400 g Spaghetti
100 g roher Schinken in dünnen Scheiben
150 g Kasséri- oder junger Gouda-Käse

Zubereitungszeit: 25 Min.
Garzeit: 1 Std.

Pro Portion ca.: 2748 kJ/657 kcal
30 g Ew/18 g F/95 g Kh

1 Stielansätze der Tomaten entfernen. Tomaten kurz überbrühen, häuten, quer halbieren und entkernen. Das Fruchtfleisch klein würfeln. Zwiebel schälen und sehr fein würfeln. Das Öl erhitzen, bei mäßiger Hitze die Zwiebelwürfel in 8 Min. leicht goldgelb schmoren. Die Tomatenwürfel leicht mit anschmoren, bis sie zerfallen. Mit zerriebenen Kräutern, Zucker, Salz und Pfeffer würzen. Fest zugedeckt bei schwacher Hitze 30 Min. schmoren. Ist die Sauce zu flüssig, die letzten 10 Min. offen bei mittlerer Hitze einkochen.

2 Die Tomatensauce durch ein Sieb streichen (oder mit dem Pürierstab pürieren), Tomatenmark und die Petersilie untermischen, kräftig abschmecken.

3 Backofen auf 225° vorheizen. Die Spaghetti in Salzwasser nach Pakkungsanweisung bißfest kochen, abgießen und abtropfen lassen. Mit Tomatensauce vermischen und in eine runde Auflaufform füllen oder auf hitzefeste Teller verteilen. Schinken ohne Schwarte in breite Streifen schneiden, darübergeben. Den Käse grob raspeln und darauf streuen. Im Backofen (Mitte, Umluft 200°) 15–20 Min. überbacken, bis der Käse goldgelb ist.

TIP!

Nudeln, vor allem Spaghetti (»Makarónia« genannt) mit Tomatenoder Hackfleischsauce (me kimá) werden gern und oft gegessen. Die Spaghetti im Ofen zu überbacken ist eine Spezialität der Kykladen.

Auberginen-Auflauf ala Nikos

Melitsánes ala Nikos

● Braucht etwas Zeit
● Für Gäste

Für 4 Personen:

2 große Auberginen (etwa 700 g)
Salz
12 EL Olivenöl
Für die Tomatensauce:
1 kg reife Tomaten
400 g Zwiebeln
4 Knoblauchzehen
2 Stangen Staudensellerie
4 getrocknete, in Öl eingelegte Tomaten
2 TL getrocknete Kräuter (Oregano, Thymian und wenig Salbei)
schwarzer Pfeffer
1 getrocknete Chilischote
1 TL Paprikapulver, edelsüß
je 1/2 TL geriebene Zitronenschale, gemahlener Koriander und Kreuzkümmel
1/2 Lorbeerblatt
100 ml Weißwein
2 EL Tomatenmark
je 1 TL Zucker und Zimt
50 g frisch geriebener Hartkäse (Kefalotíri oder Greyerzer)
150 g Feta (Schafkäse)

Zubereitungszeit: 1 Std.
Backzeit: 15 Min.

Pro Portion ca.: 2723 kJ/651 kcal
22 g Ew/37 g F/66 g Kh

1 Backofen auf 220° vorheizen. Auberginen in dicke Scheiben schneiden, mit Küchenpapier trocknen. Eine große rechteckige Form (mindestens 22 x 28 cm) oder ein tiefes Backblech mit 2 EL Öl ausstreichen, Auberginenscheiben dicht nebeneinander hineinlegen, mit 3–4 EL Öl bepinseln. Im Backofen (oben, Umluft 200°) 20–25 Min. braten.

2 Inzwischen die Stielansätze der frischen Tomaten entfernen. Tomaten kurz überbrühen, häuten und halbieren, die Kerne fest ausdrücken, das Fruchtfleisch hacken. Zwiebeln und Knoblauch schälen, Zwiebeln vierteln, in schmale Spalten schneiden, den Knoblauch fein hacken. Staudensellerie waschen und putzen, in kleine Würfel schneiden. Getrocknete Tomaten trocknen, kleinhacken.

3 In einer Kasserolle Zwiebeln und Knoblauch in 4 EL Olivenöl bei mäßiger Hitze 10 Min. hellgelb dünsten, Sellerie kurz mitschmoren. Frische und getrocknete Tomaten, zerbröselte Kräuter, die Gewürze, Lorbeer, Wein, Tomatenmark, Zucker und Zimt dazugeben, offen 15 Min. schmoren.

4 Feta grob raspeln. Die Tomatensauce mit dem Hartkäse und zwei Drittel vom Feta vermischen und über den Auberginenscheiben verteilen, den restlichen Schafkäse darüber streuen und mit 2 EL Öl beträufeln. Im Backofen (Mitte) 10–15 Min. backen. Wie einen Blechkuchen in rechteckige Stücke schneiden und warm servieren.

VARIANTE

Moussaka
Für eine klassische Moussaka braten Sie 400 g Hackfleisch an und schichten Auberginenscheiben, Hackfleisch und Tomatensauce (mit wenig Käse vermischt) in eine höhere Form, den Abschluß bilden Auberginenscheiben. Darüber eine Bechamelsauce mit Ei (siehe Rezept Seite 26) gießen und bei 180° 45–60 Min. backen.

**Im Bild oben: Auberginen-Auflauf ala Nikos
Im Bild unten: Spaghetti aus dem Ofen**

Fische und Meeresfrüchte

Man sollte denken, an Griechenlands Küsten sei Fisch reichlich und preiswert zu haben. Dem ist aber nicht so, das Mittelmeer ist leider ziemlich leergefischt (vor allem wegen der früheren Dynamitfischerei), und von Frühjahr bis Herbst werden die Fische nur mit Netzen oder Angelleinen gefangen.

Brassen, wie etwa Goldbrassen (Lithríni) und Zahnbrassen (Sinagrída) oder Red Snapper (Fangri), sind teuer und werden vor allem auf Holzkohle gegrillt. Zum Glück gehört für viele Touristen der frische Fisch in einer Strandtaverne zu den wichtigen Urlaubserlebnissen. So tragen die Urlauber dazu bei, daß es sich für die Fischer überhaupt noch lohnt, mit ihren kleinen Booten auszufahren – außer der Wind bläst wieder einmal so stark, daß sie nicht auslaufen können. Doch auch dann gibt es noch »frischen« Fisch – die Tiefkühltruhen sind meist gut bestückt.

Die großen Fische wie Thunfisch, Palamut (Bonito) und Schwertfisch werden meist als Steaks über Holzkohle gegrillt und dabei mit einer Marinade bestrichen.

Würzig: Grillmarinade

Zum Marinieren und während des Grillens werden die Fische oder die Fischsteaks mit einem knoblauchduftenden Würzöl bestrichen. Dafür 3–4 geschälte Knoblauchzehen durchpressen, mit 4–6 EL Zitronensaft, Salz und 100 ml Olivenöl verrühren, nach Belieben auch getrockneten Oregano untermischen.

Die vorbereiteten Fische innen und außen mit der Marinade bestreichen, etwas ziehen lassen, dann grillen (am besten natürlich im Freien auf dem Holzkohlegrill) und dabei öfter bepinseln.

Die restliche Marinade wird über die Fische geträufelt – diese Sauce heißt dann »Ladolémono«. Gegrillter Fisch wird meist nur mit Zitronenvierteln und ein paar Blättchen Salat serviert.

Kleine Fische: gebraten oder fritiert

Seit der Antike höchst begehrt sind die Rotbarben (Barbúnia). Damit die Fische nicht streng schmecken, vorm Zubereiten immer die Kiemen entfernen.

Rotbarben und andere kleine Fische wie Safás (kleine Streifenbarben) oder handgroße Chános (Felsenfische) können im Ofen gebacken oder in Mehl gewendet und in reichlich Olivenöl in der Pfanne gebraten werden – die Fische würden auf dem Grill zerfallen. Die Griechen essen die gebackenen Fische übrigens nicht mit dem Besteck, sondern mit den Händen. Die einfacheren Fische wie Kabeljau, Seeaal und

Meeräschen werden meist in Stücke zerteilt und mit vielen Zwiebeln und Tomaten geschmort. Oder sie werden durch einen Ausbackteig gezogen und fritiert, dann gibt es oft eine Knoblauchsauce dazu.

Was an winzig-kleinen Fischen in den Netzen hängenbleibt, wird einfach gewürzt, in Mehl gewendet und in Öl fritiert. Diese »Marídes« ißt man samt Kopf und Gräten. Bei uns könnten Sie dafür tiefgekühlte Sardellen oder Sardinen nehmen, die größeren Sardinen aber vorher ausnehmen.

Zu den einfachen Fischen zählen auch die Makrelen (Skumbrí), die mit Kräutern und Olivenöl auf Holzkohle gegrillt oder im Essigsud geschmort werden.

Fischverkauf auf der Insel Lesbos

Alltäglich: Meeresfrüchte

Während die Mittelmeer-Langusten (Astakós) und die Garnelen (Garídes) zu den selteneren Genüssen zählen, kommen Tintenfische praktisch jeden Tag auf den Tisch. Vor allem die Kalmare (Kalamarákia) mit den langgestreckten, tubenförmigen Körpern werden noch reichlich gefangen. Gegrillt oder durch einen dünnen Ausbackteig gezogen und fritiert, in Tomatensauce geschmort oder mit Reis gefüllt: Es gibt eine Unzahl von Rezepten als Vorspeisen und Hauptgerichten. Eine Delikatesse sind die Kraken oder Oktopusse (Ochtapódi), Tintenfische mit dicken Armen und kleinen, run-

Der Hafen von Naussa auf der Insel Paros

den Körpern. Sie werden von den Fischern mit großer Geduld auf die Hafenmauer geschlagen, bis sie weich sind. Das Tiefkühlen hat eine ähnliche Wirkung.

An Leinen zum Trocknen aufgehängt sind die Tintenfische ein beliebtes Fotomotiv im Urlaub. Sie werden mit Knoblauch und Olivenöl gegrillt als Vorspeise gegessen oder in Wein geschmort.

Auch die Miesmuscheln (Mídja) sind sehr geschätzt. Viele Oúzerien bieten sie, einfach mit Zwiebeln und Wein gekocht, als kleinen Imbiß an. Doch da sie zu Fastenzeiten erlaubt sind, werden sie auch als Hauptgericht mit würziger Tomatensauce und Fetakäse geschmort oder mit Reis gefüllt.

Garnelenpfanne

Garídes saganáki

● Schnell
● Für Gäste

Für 4 Personen:

400 g Riesen-Garnelen oder Shrimps (gegart und geschält, tiefgekühlt)
2 Zwiebeln
2 Knoblauchzehen
600 g reife Tomaten
4 EL Olivenöl
200 ml trockener Weißwein (ersatzweise Gemüsebrühe)
100 ml kräftige Gemüsebrühe (Instant)
1 Bund Dill
1/2 Bund Petersilie
200 g fetter Schafkäse (Feta, kein Kuhmilch-Feta)
Salz • schwarzer Pfeffer
1 Msp. Safranfäden
2 EL Zitronensaft

Zubereitungszeit: 30 Min.

Pro Portion ca.: 1799 kJ/430 kcal
33 g Ew/21 g F/20 g Kh

1 Garnelen auftauen lassen, dann in ein Sieb geben, überbrausen und gut abtropfen lassen. Zwiebeln und Knoblauch schälen, fein hacken. Stielansätze der Tomaten entfernen. Tomaten kurz überbrühen, häuten, quer halbieren und entkernen. Das Fruchtfleisch klein würfeln.

2 Olivenöl in einer Schmorpfanne erhitzen, bei mäßiger Hitze Zwiebeln und Knoblauch in 7 Min. hellgelb dünsten. Die Tomatenwürfel dazugeben und anschmoren, bis sie zerfallen. Wein und Brühe aufgießen, offen 10 Min. leise köcheln lassen.

3 Dill und Petersilie waschen und fein hacken, in die Sauce rühren. Den Schafkäse grob raspeln und unterrühren. Die Sauce mit Salz, Pfeffer und Safran würzen, vorsichtig erhitzen, bis der Käse geschmolzen ist. Die Garnelen in die Sauce rühren, mit Zitronensaft abschmecken und kurz erhitzen.
Dazu paßt frisches Fladenbrot.

TIP!

Wenn Sie nur ungeschälte Garnelen bekommen, brauchen Sie etwa 500 g. Zum Schälen den Panzer am Rücken mit einer Schere einschneiden, das Fleisch auslösen. Den dunkleren Darm auf der Rückseite mit einem spitzen Messer entfernen.

Gegrillte Goldbrassen

Lithrini sti skára

● Schnell
● Für Gäste

Für 4 Personen:

4 küchenfertige Gold-brassen (je etwa 350 g)
3 EL Zitronensaft
Salz
schwarzer Pfeffer
4 Zweige Petersilie
1 TL Anissamen
8 EL Olivenöl
1/2 TL Zimtpulver
4 Tomaten
4 Blätter Romanasalat
2 Zitronen
12 grüne Oliven

Zubereitungszeit: 30 Min.

Pro Portion ca.: 2050 kJ/490 kcal
65 g Ew/19 g F/15 g Kh

1 Brassen waschen und trocknen. Die Haut auf beiden Seiten mit einem scharfen Messer mehrmals schräg bis zu den Gräten einschneiden. Innen und außen mit Zitronensaft beträufeln, leicht salzen und pfeffern. Petersilienzweige waschen, jeweils einen in die Bauchhöhle der Fische stecken.

2 Anissamen im Mörser grob zerstoßen, mit Olivenöl und Zimt verrühren, die Brassen mit diesem Würzöl einpinseln und zur Seite stellen.

3 Den Grill (Holzkohle oder Elektro) vorheizen. Stielansätze der Tomaten entfernen. Tomaten vierteln. Salatblätter waschen, trockentupfen und in 1 cm breite Streifen schneiden.

4 Die Brassen auf dem heißen Grill pro Seite 5–7 Min. garen, bis sie schön gebräunt und knusprig sind, dabei immer wieder mit dem Öl bepinseln.

5 Die fertigen Brassen auf einer Platte anrichten, mit dem restlichen Würzöl beträufeln. Mit Tomatenachteln, Salatstreifen, geviertelten Zitronen und Oliven garnieren. Dazu passen Pommes frites oder Salzkartoffeln.

VARIANTE

Für Goldbrassen aus dem Ofen die Fische wie oben vorbereiten und würzen, auf einem gut gefetteten Backblech im heißen Ofen bei 225° (Umluft 200°) in 20 Min. braun und knusprig braten.

Makrelen mit Knoblauch und Kräutern

Safrísi

- 🟡 Preiswert
- 🔴 Gut vorzubereiten

Für 4 Personen:

4 kleine Makrelen (je etwa 250 g)
2 EL Zitronensaft
Salz
schwarzer Pfeffer
1 TL getrockneter Rosmarin
je 1/2 TL getrockneter Oregano und Thymian
2 Zwiebeln
4 Knoblauchzehen
4 EL Olivenöl
2 EL Mehl
125 ml Weißwein (ersatzweise Gemüsebrühe)
75 ml milder heller Essig

Zubereitungszeit: 45 Min.

Pro Portion ca.: 1401 kJ/335 kcal
52 g Ew/5 g F/12 g Kh

1 Makrelen innen und außen waschen, mit Küchenpapier trockentupfen. Mit Zitronensaft beträufeln, salzen und pfeffern, mit zerriebenen Kräutern bestreuen. 5 Min. ziehen lassen. Inzwischen Zwiebeln und Knoblauch schälen und in ganz feine Scheiben schneiden.

2 In einer großen Pfanne Olivenöl erhitzen, bei mittlerer Hitze die Makrelen auf beiden Seiten je 5 Min. braten. Aus der Pfanne heben und zur Seite stellen.

3 Im verbliebenen Öl Zwiebeln und Knoblauch bei mäßiger Hitze in 5 Min. hellgelb dünsten. Das Mehl darüber streuen und in 7 Min. hellbraun dünsten. Weißwein, Essig und 1/4 l Wasser aufgießen, unter Rühren aufkochen. Die Sauce bei schwacher Hitze 5 Min. köcheln lassen, bis sie angedickt ist. Mit Salz und Pfeffer abschmecken.

4 Die Makrelen in die Sauce legen und auf beiden Seiten kurz durchziehen lassen. Lauwarm servieren.
Dazu paßt frisches Weißbrot und ein Retsina.

TIP!

Sie können auch 2 gehäutete und gewürfelte Tomaten in der Sauce mitschmoren.

Rotbarben aus dem Ofen

Barbúnia plakí sto fúrno

- 🔵 Braucht etwas Zeit
- 🔵 Für Gäste

Für 4 Personen:

1 kg Rotbarben (rote Meerbarben, eventuell tiefgekühlt)
Salz
6 EL Olivenöl
6 Knoblauchzehen
4 EL Zitronensaft
4 EL trockener Weißwein (ersatzweise Gemüsebrühe)
je 1 TL getrockneter Rosmarin und Thymian
schwarzer Pfeffer
2 EL grob gehackte Petersilie

Zubereitungszeit: 40 Min.
Garzeit: 20 Min.

Pro Portion ca.: 1723 kJ/412 kcal
49 g Ew/21 g F/3 g Kh

1 Tiefgekühlte Rotbarben aus der Packung nehmen und etwa 3 Std. bei Zimmertemperatur auftauen lassen.

2 Frische oder aufgetaute Rotbarben schuppen (erst mit dem stumpfen Messerrücken, dann mit dem Daumen die restlichen Schuppen entfernen). Die Fische vom hinteren Teil bis zum Kopf aufschlitzen, die Innereien entfernen. Unter fließendem Wasser ausspülen und die dunklen Teile in der Bauchhöhle abreiben. Die Kiemenbögen entfernen. Dafür mit einem Finger unter den Kiemendeckel fahren, in die Kiemen einhaken und die bräunlichen Bögen herausziehen; sie geben den Fischen einen strengen Geschmack. Fische innen leicht salzen.

3 Backofen auf 225° vorheizen. Eine flache Auflaufform mit etwas Öl ausstreichen, die Rotbarben dicht nebeneinander hineinlegen.

4 Knoblauch schälen und ganz fein hacken, in ein Schüsselchen geben. Mit restlichem Öl, Zitronensaft, Weißwein, zerriebenem Rosmarin und Thymian, etwas Salz und Pfeffer verrühren. Die Mischung über die Fische träufeln und die Form in den Backofen (Mitte, Umluft 200°) schieben. Etwa 20 Min. backen, bis der Knoblauch gebräunt ist. Mit Petersilie bestreut servieren.
Dazu schmeckt frisch aufgebackenes Sesam-Fladenbrot und trockener Weißwein, zum Beispiel ein Vin de Crete.

VARIANTE

Rotbarben werden selten gegrillt – wenn, dann in Weinblätter gehüllt, damit sie nicht zerfallen. Die Fische wie im Rezept beschrieben vorbereiten, würzen und mit Dillzweigen füllen. Einzeln in abgespülte, eingelegte Weinblätter hüllen und mit blanchierten Lauchblattstreifen festbinden. Auf dem heißen Grill rundum in 10 Min. garen. Dazu serviert man eine kalte Zitronensauce (Ladolémono) aus reichlich Zitronensaft, mit 100 ml extra nativem Olivenöl, Salz und Pfeffer verquirlt.

Im Bild oben:
Rotbarben aus dem Ofen
Im Bild unten:
Makrelen mit Knoblauch
und Kräutern

Fischfilet mit Fenchel

Psári plaki

● Gelingt leicht
● Preiswert

Für 4 Personen:

600 g Fischfilet (Seelachs
oder Goldbarsch)
4 EL Zitronensaft
Salz • schwarzer Pfeffer
5 EL Olivenöl
2 Zwiebeln
4 Knoblauchzehen
600 g reife Tomaten
2 kleine Fenchelknollen
(etwa 500 g)
1 Bund Dill
1 Bund Petersilie
1 TL Fenchelsamen
je 1 TL getrockneter
Thymian und Oregano

Zubereitungszeit: 35 Min.
Garzeit: 25 Min.

Pro Portion ca.: 1431 kJ/342 kcal
33 g Ew/12 g F/30 g Kh

1 Fischfilet kurz kalt waschen, mit Küchenpapier
trockentupfen. Mit
Zitronensaft beträufeln,
salzen und pfeffern. Eine
breite Form mit etwas
Olivenöl ausstreichen, die
Fischfilets hineinlegen,
zur Seite stellen.

2 Zwiebeln und Knob-
lauch schälen, fein wür-
feln. In einem Topf das
restliche Olivenöl erhit-
zen, bei mäßiger Hitze die
Zwiebel- und Knoblauch-
würfel in 10 Min. gold-
gelb dünsten.

3 Inzwischen Backofen
auf 200° vorheizen. Stielansätze der Tomaten ent-
fernen. Tomaten kurz
überbrühen, häuten, quer
halbieren und entkernen.
Das Fruchtfleisch klein
würfeln. Fenchelknollen
putzen und längs halbie-
ren, in feine Streifen
schneiden. Beides zu den
Zwiebeln geben, noch
10 Min. offen dünsten, bis
die Sauce angedickt ist.

4 Dill und Petersilie bis
auf einige Blättchen zum
Garnieren hacken, unter
die Sauce rühren. Mit
Fenchelsamen, Thymian,
Oregano, Salz und Pfeffer
würzen.

5 Die Sauce über den
Fisch verteilen. Im Back-
ofen (Mitte, Umluft 180°)
20–25 Min. garen. Mit
den zurückbehaltenen
Kräutern garnieren und
mit Reis oder Brot
servieren.

TIP!
Für dieses Gericht eignet
sich jedes magere Fisch-
filet.

Seeaal mit Knoblauchsauce

Mungri tigáni

● Preiswert
● Für Gäste

Für 4 Personen:

Für die Knoblauchsauce:
400 g vorwiegend fest-
kochende Kartoffeln
Salz
50 g ungeschälte
Mandelkerne
6–8 Knoblauchzehen
2 EL Olivenöl
4 EL Zitronensaft
4–6 EL Sahnejoghurt
schwarzer Pfeffer
Für den Ausbackteig:
125 g Mehl
1 EL Olivenöl
1 kleines Ei
Salz • Pfeffer
Für den Fisch:
500 g Seeaal (ersatzweise
Seelachs-Rückenfilet)
Öl zum Ausbacken
Zitronenviertel zum
Garnieren

Zubereitungszeit: 1 Std.

Pro Portion ca.: 2464 kJ/589 kcal
31 g Ew/32 g F/42 g Kh

1 Für die Knoblauch-
sauce die Kartoffeln
schälen und in Salzwasser
20 Min. garen.

2 Für den Ausbackteig
Mehl mit 125 ml lauwar-
mem Wasser und Olivenöl
verrühren, das Ei unter-
mischen, mit Salz und
Pfeffer würzen. 20 Min.
quellen lassen.

3 Kartoffeln abgießen,
ausdampfen lassen und
zerstampfen. Mandeln mit
kochendem Wasser über-
brühen, die Häute abzie-
hen. Knoblauchzehen
schälen, grob zerschnei-
den und mit den Mandeln
im Mixer oder Blitzhacker
fein pürieren. Unter das
Kartoffelpüree rühren,
Olivenöl und Zitronensaft
untermischen, mit so viel
Joghurt verrühren, bis
eine halbflüssige Sauce
entsteht (sie dickt noch
etwas nach). Mit Salz
und Pfeffer abschmecken,
zur Seite stellen.

4 Seeaal kurz waschen,
mit Küchenpapier gut
trockentupfen und in
2 cm dicke Scheiben
schneiden, leicht salzen
und pfeffern. Eine hitze-
feste Servierplatte im
Backofen bei 80° er-
wärmen.

5 In einem Topf oder in
der Friteuse gut 5 cm
hoch Öl erhitzen (auf
etwa 180°, an einem
hineingehaltenen Holz-
stäbchen müssen Bläs-
chen aufsteigen). Den
Ausbackteig nochmals
kräftig durchrühren, die
Seeaalstücke in den Teig
tauchen und portions-
weise im heißen Öl in

Verschwenderisch: Kräuter und Gewürze

Die griechische Küche verwendet sie reichlich, doch selten so, daß sie hervorschmecken. Zum Schmoren werden Korianderkörner, Lorbeerblätter, Piment und Kreuzkümmel genommen, oft auch Zimt und – auf den Inseln – Mastix, würziges Harz vom Mastixstrauch.

An frischen Kräutern gehört glatte Petersilie an fast jedes Gericht, wird mitgeschmort oder zum Schluß darüber gestreut. Ebenso reichlich wird Dill verwendet, er gehört in Reis- und Gemüsegerichte, an Fisch und Pasteten, er gibt gefüllten Tomaten und Weinblättern den typischen Geschmack. Ursprünglich wurde statt mit Dill mit dem Grün des wilden Fenchels gewürzt, der rund ums Mittelmeer heimisch ist. Auch heute gibt man es gern an Gemüse und Fisch.
Frisch, aber noch häufiger getrocknet wird Oregano verwendet, die unverwechselbare Würze Griechenlands. Er wird über Bauernsalat und Fetakäse gestreut, schmort in Fleisch- und Gemüsegerichten mit und gehört eigentlich an alles, wo Tomaten eine Rolle spielen. Allerdings hat der griechische Oregano einen viel würzigeren, harzigeren Geschmack als der bei uns erhältliche.
Ebenso frisch wie getrocknet wird Thymian verwendet und gibt Gemüse, Fleisch- und Nudelgerichten Aroma. Vor allem die Spitzen des wilden Thymians, der in trockenen Gegenden weit verbreitet ist, würzen höchst intensiv.
Salbei, ebenso eine Pflanze der Trockengebiete, wird in kleinen Mengen für Gemüse, Schmor- und Hackfleischgerichte genommen. Verwilderter Salbei ist stark würzig und bitter, besser ist der Zitronensalbei mit feinem Aroma. Er ist auch als Tee sehr beliebt.

Rosmarin, der an jeder Ecke wächst, wird frisch gern zum Grillen und für Backofengerichte gepflückt, man kann aber auch problemlos getrockneten nehmen.
Pfefferminze, krause Minze und Bergminze gehören frisch, seltener getrocknet an Reis- und Käsefüllungen und werden auch gehackt über Salat gestreut.
Kleinblättriges Basilikum wird zwar viel in Töpfchen gezogen, aber nicht, um es in der Küche zu verwenden, sondern um mit seinem Duft die Mücken fernzuhalten.
Bleibt noch die Verbene (Zitronenstrauch, griech. Louïza), zartblau blühende Büsche, die in vielen Hausgärten zu sehen sind und deren Blätter für Desserts und zitrusfrische Tees genommen werden.

Typische griechische Küchenkräuter: Oregano, Rosmarin, Lorbeer (hinten), Basilikum, Dill, Petersilie, Salbei, Thymian (von links nach rechts)

Hacksteaks

Biftéki

● Gelingt leicht
● Preiswert

Für 4 Personen:

2 schwedische Knusper-
brötchen mit Sesam (er-
satzweise 3 gut gehäufte
EL Semmelbrösel und
1 TL Sesam)
1 reife Tomate
2 Zwiebeln
2 Knoblauchzehen
400 g Rinderhackfleisch
1 Ei
1 EL getrockneter Oregano
2 EL frisch geriebener
Hartkäse (Kefalotíri oder
Parmesan)
Salz
schwarzer Pfeffer
2 EL Oúzo (Anisschnaps,
ersatzweise 1 Prise
gemahlener Anis)
4 EL Olivenöl

Zubereitungszeit: 30 Min.
Ruhezeit: 1 Std.

Pro Portion ca.: 2276 kJ/544 kcal
30 g Ew/39 g F/17 g Kh

1 Die Brötchen mit einer
Nußmühle mahlen oder
in eine feste Plastiktüte
stecken und mit dem
Nudelholz fein zerklei-
nern, in eine Schüssel
geben.

2 Stielansatz der Tomate
entfernen. Tomate kurz
überbrühen, häuten, quer
halbieren und entkernen.
Das Fruchtfleisch klein
würfeln, zu den Bröseln
geben. Zwiebeln und

Knoblauchzehen schälen
und sehr fein hacken.
Mit dem Hackfleisch, Ei,
Oregano und Käse in die
Schüssel geben, kräftig
salzen und pfeffern, den
Oúzo darüber träufeln
und alles mit den Händen
gut durchkneten. Die
Masse zugedeckt etwa
1 Std. in den Kühlschrank
stellen.

3 Dann aus der Hack-
masse etwa 10 hand-
tellergroße Hacksteaks
formen. Den Holzkohle-
grill, einen Elektrogrill
oder eine Grillpfanne
vorheizen. Die Steaks mit
Öl bestreichen und auf
dem Grill (oder in der
Pfanne bei mittlerer
Hitze) 5–7 Min. pro Seite
braten.
Dazu Tsatsíki (siehe
Rezept Seite 6, mit viel
Knoblauch) und frisches
Weißbrot servieren.

Fleischspießchen vom Grill

Suvlákja mé kirinó kréas

● Schnell
● Gut vorzubereiten

Für 4 Personen:

750 g Schweinefilet (oder
mageres Lammfleisch aus
der Keule)
2 Knoblauchzehen
3 EL Zitronensaft
schwarzer Pfeffer
6 EL Olivenöl
je 1 TL getrockneter
Oregano und Thymian
1 getrocknetes Salbei-
blättchen
Salz
Öl für die Spieße
10 Holz- oder Metallspieße
(Schaschlik-Spieße)

Zubereitungszeit: 30 Min.
Ruhezeit: 1–12 Std.

Pro Portion ca.: 1644 kJ/393 kcal
29 g Ew/29 g F/2 g Kh

1 Das Schweinefilet
oder das Lammfleisch in
1 1/2 cm dicke Scheiben
schneiden. Für die Mari-
nade den Knoblauch
schälen, in eine Schüssel
pressen und mit Zitronen-
saft, Pfeffer und Olivenöl
verrühren. Die getrock-
neten Kräuter in der
Handfläche zerreiben
und mit der Marinade
vermischen.

2 Das Fleisch in die Marinade geben und zuge-
deckt in den Kühlschrank
stellen. Mindestens 1 Std.
(oder 1 Tag) in der Mari-

nade ziehen lassen, ab
und zu wenden.

3 Dann den Grill (Holz-
kohlen-, Elektrogrill oder
Grillpfanne) vorheizen.
Die Spieße mit Öl ein-
reiben. Das Fleisch aus
der Marinade heben, mit
Küchenpapier trocken-
tupfen und flach auf die
Spieße stecken.

4 Die Fleischspieße auf
dem Grill oder in der
Grillpfanne bei starker
Hitze auf beiden Seiten
jeweils 5–7 Min. grillen,
dabei mit Marinade be-
streichen. Erst nach dem
Grillen salzen.
Dazu Bratkartoffeln oder
Weißbrot und einen
Tomaten-Gurken-Salat
servieren.

VARIANTE

Für einen großen Spieß
(Kondosouvli) 750 g Schwei-
nelende (ausgelöstes Kote-
lettstück) längs halbieren
und in 2 cm dicke Scheiben
schneiden. Für die Marinade
1 Zwiebel, Knoblauch und
1 gehäutete, entkernte
Tomate im Mixer pürieren,
mit Salz, Pfeffer, Thymian,
Oregano, 4 EL Olivenöl und
1–2 EL Zitronensaft ver-
rühren. Die Fleischscheiben
gründlich darin umwenden
und 2 Std. oder länger marinieren. Abgetropft auf

einen großen Spieß stecken und über Holzkohle oder im Elektrogrill bei nicht zu starker Hitze etwa 1 Std. grillen, dabei öfter drehen. Die Fleischstücke vom Spieß ziehen und auf Teller verteilen, Zitronenviertel dazu servieren.

TIP!

Die doppelte Menge an Marinade bereiten, nur die Hälfte für das Fleisch verwenden, den Rest extra als Sauce zum Beträufeln servieren.

Im Bild links: Hacksteaks
Im Bild rechts:
Fleischspießchen vom Grill

Lammkeule geschmort auf Tinos-Art

Katsíki

○ Braucht etwas Zeit
● Für Gäste

Für 4 Personen:

1 kg Lammkeule mit
Knochen (evtl. absteher-
den Knochen vom Metzger
kürzen lassen)
Salz • weißer Pfeffer
1 TL getrockneter Oregano
3 Knoblauchzehen
65 g Butter
4 EL Zitronensaft
1 EL Mehl

Zubereitungszeit: 30 Min.
Garzeit: 2 1/2 Std.

Pro Portion ca.: 2451 kJ/586 kcal
36 g Ew/47 g F/4 g Kh

1 Lammkeule sorgfältig
enthäuten, oberfläch-
liches Fett abschneiden.
Waschen, trocknen und
rundum mit Salz, Pfeffer
und Oregano einreiben.

2 Knoblauchzehen
schälen, längs in Stifte
schneiden. Die Lamm-
keule rundum mit einem
spitzen Messer einste-
chen und mit den Knob-
lauchstiften spicken.

3 In einem passenden
Schmortopf die Butter
erhitzen. Bei mäßiger
Hitze die Lammkeule
von allen Seiten 15 Min.
sachte und langsam an-
braten, ohne stark zu

bräunen – sie soll nur
hellbraun werden.

4 Den Zitronensaft
darüber gießen, einen
festschließenden Deckel
auflegen und das Fleisch
bei ganz schwacher Hitze
2 1/2 Std. schmoren
(wenn die Hitze schwach
genug ist, muß kein
Wasser nachgegossen
werden).

5 Dann die Lammkeule
herausheben, in Alufolie
wickeln und zur Seite
stellen. In einer kleinen
Schüssel das Mehl mit
etwas Wasser glattrüh-
ren, mit etwas heißem
Schmorsaft mischen, dann
in den Topf gießen und
unter Rühren aufkochen,
bis die Sauce gebunden
ist.

6 Das Fleisch in Scheiben
schneiden und kurz in der
Sauce wieder erhitzen.
Auf einer Platte anrichten
und mit der Sauce über-
gießen. Dazu Butterreis
und einen trockenen
griechischen Weißwein
servieren.

Kalbfleisch mit Nudeln aus dem Ofen

Moskári juvétsi

○ Braucht etwas Zeit
● Für Gäste

Für 4 Personen:

600 g mageres Kalbfleisch
(aus der Keule)
600 g reife Tomaten
2 Zwiebeln
3 Knoblauchzehen
2 Stangen Staudensellerie
4 EL Butter
2 EL Olivenöl
Salz
schwarzer Pfeffer
Paprikapulver, rosenscharf
2 EL Tomatenmark
150 ml trockener Weiß-
wein (ersatzweise Gemüse-
brühe)
250 g Reisnudeln
(Kritharáki, siehe Tip)
75 g frisch geriebener
Hartkäse (Kefalotíri, alter
Gouda oder Parmesan)

Zubereitungszeit: 30 Min.
Garzeit: 1 Std. 40 Min.

Pro Portion ca.: 2924 kJ/699 kcal
35 g Ew/31 g F/68 g Kh

1 Einen Römertopf (etwa
2 1/2 l fassend) nach Vor-
schrift wässern oder
einen Tapsi (siehe Seite
19) bereitstellen. Kalb-
fleisch in 4 cm große
Würfel schneiden und mit
Küchenpapier trocknen.
Stielansätze der Tomaten
entfernen. Tomaten kurz
überbrühen, häuten, quer
halbieren und entkernen,

in Stücke schneiden.
Zwiebeln und Knoblauch
schälen, Staudensellerie
waschen und putzen, alles
fein würfeln.

2 In einer Pfanne die
Hälfte der Butter mit dem
Olivenöl erhitzen, das
Fleisch bei mittlerer Hitze
rundum leicht anbräunen.
Zwiebeln, Knoblauch und
Staudensellerie bei mäßi-
ger Hitze 5 Min. mitbra-
ten. Die Tomatenstücke
unterrühren, mit Salz,
Pfeffer und Paprikapulver
würzen. Die Mischung in
den Topf geben.

3 Tomatenmark mit
Weißwein verrühren und
darüber gießen. Die rest-
liche Butter in kleinen
Stücken darauf verteilen.
Den Römertopf mit dem
Deckel schließen oder
den Tapsi mit Alufolie
verschließen und in den
kalten Backofen stellen.
Bei 200° (Mitte, Umluft
180°) 1 Std. garen.

4 Dann den Ofen auf
175° (Umluft 160°) zu-
rückschalten, die Nudeln
und 1/2 l heißes Wasser
untermischen, nachsalzen.
Noch 30 Min. garen,
zwischendurch einmal
kräftig durchrühren und

nach Bedarf etwas Wasser nachgießen.

5 Den Deckel abnehmen und den Käse über Fleisch und Nudeln streuen, noch 10 Min. offen im Ofen backen. In der Form servieren. Dazu paßt ein frischer, gut gekühlter Rosé oder Weißwein oder Retsina.

TIP!

»Juvétsi« werden die Fleischgerichte aus dem Ofen genannt, bei denen gleich die Beilage, kleine reisförmige Nudeln, mitgeschmort werden. Sie erhalten sie in gut sortierten Supermärkten (auch als italienische Rosmarino-Nudeln) und in griechischen Lebensmittelläden.

Im Bild oben:
Kalbfleisch mit Nudeln
aus dem Ofen
Im Bild unten:
Lammkeule geschmort
auf Tinos-Art

Schweinefleisch mit dicken Bohnen

Kirinó me gígantes

● Preiswert
● Braucht etwas Zeit

Für 4 Personen:

200 g getrocknete dicke weiße Bohnenkerne
1/2 TL Speisenatron nach Belieben
350 g reife Tomaten
750 g Schweinefleisch zum Schmoren (Schulter oder Hals)
2 Zwiebeln
3 Knoblauchzehen
50 g Butter
150 ml Gemüsebrühe
Salz • schwarzer Pfeffer
1/2 TL grob gestoßene Pimentkörner
1 Lorbeerblatt
2 EL Tomatenmark
2 EL gehackte Petersilie

Zubereitungszeit: 30 Min.
Garzeit: 1 Std. 30 Min.
Einweichzeit: über Nacht

Pro Portion ca.: 2740 kJ/655 kcal
42 g Ew/37 g F/43 g Kh

1 Die Bohnenkerne mindestens 14 Std. in kaltem kalkarmem Wasser (sonst etwas Speisenatron dazugeben) einweichen.

2 Bohnen im Einweichwasser aufsetzen und 1 Std. zugedeckt leise köcheln lassen. Inzwischen Stielansätze der Tomaten entfernen. Tomaten kurz überbrühen, häuten, quer halbieren und entkernen. Das Fruchtfleisch klein würfeln. Das Fleisch in etwa 4 cm große Würfel (also größer als für Gulasch) schneiden, mit Küchenpapier trockentupfen. Zwiebeln und Knoblauch schälen, sehr fein würfeln.

3 In einem Schmortopf die Butter erhitzen. Das Fleisch bei mittlerer Hitze rundum 7–10 Min. anbraten, es soll gerade leicht bräunen. Zwiebeln und Knoblauch bei mäßiger Hitze goldgelb mitschmoren. Tomaten unterrühren, kurz andünsten, dann die Brühe angießen, mit Salz, Pfeffer, Piment und Lorbeerblatt würzen. Aufkochen, fest zugedeckt bei schwacher Hitze 45 Min. schmoren.

4 Danach die Bohnen abgießen und unter das Fleisch mischen. Noch 45–60 Min. garen, bis die Bohnen weich sind. Tomatenmark unterrühren, mit gehackter Petersilie bestreut servieren. Dazu Sesam-Fladenbrot reichen.

Rindfleisch mit Zucchini

Wodíno me kolokidákja

● Braucht etwas Zeit
● Für Gäste

Für 4 Personen:

750 g Rindfleisch zum
Schmoren (aus der Keule
oder Hüfte)
500 g reife Tomaten
1 große Gemüsezwiebel
6 EL Olivenöl
Salz • schwarzer Pfeffer
je 1 TL getrockneter
Thymian und Rosmarin
500 g Zucchini

Zubereitungszeit: 40 Min.
Garzeit: 2 Std.

Pro Portion ca.: 2259 kJ/540 kcal
29 g Ew/42 g F/12 g Kh

1 Das Fleisch in 4 cm
große Stücke (größer als
für Gulasch) schneiden.
Mit Küchenpapier trok-
kentupfen. Stielansätze
der Tomaten entfernen.
Tomaten kurz überbrühen,
häuten, quer halbieren
und entkernen. Das
Fruchtfleisch klein wür-
feln. Die Zwiebel schälen
und fein würfeln.

2 In einem Schmortopf
die Hälfte des Olivenöls
erhitzen. Das Fleisch darin bei mittlerer Hitze
5–7 Min. rundum anbra-
ten, es soll nur leicht
bräunen. Zwiebelwürfel
unter das Fleisch rühren,
bei mäßiger Hitze etwa
10 Min. schmoren, bis die

Zwiebeln goldgelb sind.
Die Tomaten dazugeben
und dünsten, bis sie zer-
fallen. Knapp 200 ml
heißes Wasser angießen,
salzen und pfeffern, alles
mit Thymian und Rosma-
rin würzen. Fest zuge-
deckt bei schwacher Hitze
1 1/2 Std. sachte schmo-
ren lassen.

3 Dann die Zucchini
waschen und putzen, in
dicke Scheiben schnei-
den und mit Küchen-
papier gut trocknen.

4 Das restliche Öl in einer
Pfanne erhitzen, die Zuc-
chinischeiben bei mitt-
lerer Hitze auf beiden
Seiten braun braten.
Vorsichtig unter das
Fleisch mischen und noch
10 Min. mitgaren. Das
Fleisch sollte insgesamt
2 Std. schmoren.
Mit Brot oder körnig
gekochtem Reis und Salat
servieren.

> **TIP!**
>
> Für dieses einfache
> Rezept eignen sich auch
> Kalbfleisch oder Schwe-
> nefleisch, dann genügen
> insgesamt 1 1/2 Std.
> Garzeit.

Hasen-Schmortopf

Lagós stifádo

- Preiswert
- Braucht etwas Zeit

Für 4 Personen:

8 Hasenschultern
(etwa 800 g)
1/2 Zimtstange
3 EL Knoblauch- oder
Weißweinessig
175 ml kräftiger Rotwein
(ersatzweise Fleischbrühe)
4 EL Olivenöl
350 g möglichst kleine
Zwiebeln oder Schalotten
4 Knoblauchzehen
3 Stangen Staudensellerie
2 Möhren • 400 g Tomaten
1 Lorbeerblatt
1 TL getrockneter Thymian
schwarzer Pfeffer • Salz
1–2 EL Tomatenmark

Zubereitungszeit: 40 Min.
Garzeit: 2 Std.
Marinierzeit: über Nacht

Pro Portion ca.: 2012 kJ/481 kcal
44 g Ew/19 g F/28 g Kh

1 Das Hasenfleisch sauber putzen, Hautlappen und Fett wegschneiden, kurz waschen, in einen Gefrierbeutel legen, die Zimtstange dazugeben. Mit Essig und Rotwein übergießen, Tüte fest verschließen, im Kühlschrank 12 Std. marinieren.

2 Das Fleisch herausnehmen und trockentupfen. Die Marinade aufbewahren. In einem breiten Schmortopf Oli-

venöl erhitzen, bei mittlerer Hitze das Fleisch in 10 Min. rundum anbraten.

3 Inzwischen Zwiebeln und Knoblauch schälen, unzerteilt zum Fleisch geben und 10 Min. mit anbraten. Staudensellerie waschen und putzen, in 1 cm breite Stücke, Möhre in ebenso dicke Scheiben schneiden. Unter Fleisch und Zwiebeln mischen, 5 Min. braten, bis das Gemüse goldgelb ist.

4 Stielansätze der Tomaten entfernen. Tomaten kurz überbrühen, häuten, quer halbieren und entkernen. Das Fruchtfleisch klein würfeln. Zum Gemüse geben und kurz anschmoren.

5 Die Marinade (mit Zimtstange), Lorbeer, Thymian und Pfeffer zum Fleisch geben, salzen und alles zugedeckt bei schwacher Hitze 2 Std. garen. Das Tomatenmark unterrühren und abschmecken.

> **TIP!**
> Hasenschultern sind sehr preiswert im Supermarkt erhältlich, müssen aber lange schmoren.

Blätterteig-Päckchen mit Lamm

Arní exochikó

- Braucht etwas Zeit
- Für Gäste

Für 4 Personen:

350 g mageres Lammfleisch ohne Haut und Fett
(Lende oder ausgelöste
Keule)
250 g festkochende
Kartoffeln
2 Möhren
2 EL Butter
2 EL Olivenöl
2 Zwiebeln
3 Knoblauchzehen
je 1/2 TL getrockneter
Rosmarin und Thymian
1 getrocknetes Salbeiblatt
75 ml Fleischbrühe
Salz
schwarzer Pfeffer
350 g reife Tomaten
(ersatzweise 200 g
Tomatenstückchen aus
Päckchen oder Dose)
100 g tiefgekühlte Erbsen
4 Platten Blätterteig, tiefgekühlt (etwa 300 g)
Mehl zum Ausrollen
Milch zum Bestreichen

Zubereitungszeit: 30 Min.
Garzeit: 1 Std.

Pro Portion ca.: 3459 kJ/827 kcal
24 g Ew/57 g F/58 g Kh

1 Lammfleisch in knapp 2 cm große Würfel schneiden, mit Küchenpapier trockentupfen. Kartoffeln und Möhren schälen, in ebenso große Würfel schneiden.

2 In einem breiten Topf Butter und Öl erhitzen, das Fleisch bei mittlerer Hitze 3 Min. rundum anbraten, bis es nicht mehr rot ist, dann bei etwas schwächerer Hitze noch 5 Min. sanft braten, ab und zu umrühren.

3 Inzwischen Zwiebeln und Knoblauch schälen, fein hacken. Zum Fleisch geben und weiterschmoren, bis die Zwiebeln hellgelb sind. Kartoffeln und Möhren unterrühren, noch 5 Min. andünsten. Die Kräuter darüber bröseln, die Brühe angießen, salzen und pfeffern. Bei schwacher Hitze fest zugedeckt 30 Min. schmoren. Die Blätterteigplatten auftauen lassen.

4 Stielansätze der Tomaten entfernen. Tomaten kurz überbrühen, häuten, quer halbieren und entkernen. Das Fruchtfleisch den Erbsen zum Fleisch geben. Alles zusammen 20–30 Min. schmoren.

5 Backofen auf 225° vorheizen. Die Blätterteigplatten auf wenig Mehl auf etwa die dreifache Größe ausrollen. Das Ragout auf die Teigplatten verteilen, den Teig zu rechteckigen Päckchen zusammenfalten. Ein Backblech kalt abspülen und die Teigpäckchen mit der Naht nach unten darauf setzen. Die Oberfläche mit einer Gabel mehrmals einstechen, mit etwas Milch bestreichen.

6 Die Päckchen im Backofen (Mitte, Umluft 200°) 20–25 Min. backen, bis der Teig schön gebräunt ist. Auf Teller verteilen und heiß servieren. Dazu einen bunt gemischten Salat oder einen Tomaten-Gurken-Salat servieren.

TIP!

Für griechischen Blätterteig 250 g Mehl mit knapp 150 ml Wasser, Salz und 1 EL Olivenöl gründlich verkneten, 45 Min. ruhen lassen. Dann auf wenig Mehl ausrollen, dick mit zerlassener Butter bestreichen, zusammenklappen und erneut ausrollen. Wieder mit Butter bestreichen, zusammenklappen und zu vier messerrückendicken Teigplatten ausrollen.

Im Bild oben:
Hasen-Schmortopf
Im Bild unten: Blätterteig-
Päckchen mit Lamm

Hähnchen mit Sellerie

Kotópulo me sélino

🟡 Preiswert
🔵 Für Gäste

Für 4 Personen:

1 großes Hähnchen (etwa 1,2 kg)
Salz
schwarzer Pfeffer
2 Zwiebeln
1 Knoblauchzehe
1 kleine Sellerieknolle mit Stengeln und Blättern (etwa 500 g)
4 EL Olivenöl
2 EL Mehl
125 ml trockener Weißwein (ersatzweise Gemüsebrühe)
3 EL gehackte Petersilie
2 Eier
4–6 EL Zitronensaft

Zubereitungszeit: 35 Min.
Garzeit: 1 Std.

Pro Portion ca.: 1836 kJ/439 kcal
40 g Ew/20 g F/18 g Kh

1 Das Hähnchen in Portionsstücke zerteilen und unter fließendem Wasser abspülen, mit Küchenpapier gut trockentupfen. Rundum mit Salz und Pfeffer einreiben. Die Zwiebeln und Knoblauch schälen und fein würfeln. Die Sellerieknolle waschen und schälen, in Würfel schneiden. Die Hälfte der Selleriestengel waschen und in Scheiben schneiden, die Blättchen grob hacken.

2 In einem großen Bräter Öl erhitzen, die Hähnchenstücke bei mittlerer Hitze 10 Min. rundum anbraten, sie sollen nur wenig bräunen. Zwiebeln und Knoblauch dazugeben, kurz anschmoren, dann Selleriewürfel, gehackte Stengel und Blätter zum Hähnchen geben. Das Mehl darüber stäuben, unterrühren und kurz anschmoren. Wein und 250 ml Wasser aufgießen. Die gehackte Petersilie dazugeben, salzen und pfeffern, fest zugedeckt bei schwacher Hitze gut 1 Std. garen.

3 Für die Sauce die Eier mit Zitronensaft verquirlen, nach und nach mit etwas heißer Garflüssigkeit verrühren und die Mischung in den Topf gießen. Unter Rütteln erhitzen, bis die Sauce andickt. Sie darf nicht kochen, sonst flocken die Eier aus.
Das Hähnchen heiß mit Reis oder frischem Weißbrot servieren.

Hähnchen in Zitronensauce

Kotópulo lemonáto

● Gelingt leicht
● Für Gäste

Für 4 Personen:

4 große Hähnchenschenkel (etwa 800 g)
Salz
schwarzer Pfeffer
4 EL Mehl
2 EL Butter
2 EL Öl
3 Knoblauchzehen
6–8 EL Zitronensaft
1/4 l trockener Weißwein (ersatzweise Gemüsebrühe)
1/2 TL getrockneter Thymian
2 Lorbeerblätter
400 g Spaghetti

Zubereitungszeit: 20 Min.
Garzeit: 30 Min.

Pro Portion ca.: 3559 kJ/803 kcal
48 g Ew/25 g F/85 g Kh

1 Die Hähnchenschenkel durchs Gelenk halbieren und unter fließendem Wasser abspülen, mit Küchenpapier gut trockentupfen. Rundum mit Salz und Pfeffer einreiben, in 2 EL Mehl wenden.

2 In einem Schmortopf Butter mit Öl erhitzen, zuerst bei mittlerer, dann bei etwas schwächerer Hitze die Hähnchenteile in 7 Min. rundum goldgelb anbraten, sie sollen nicht bräunen.

3 Die Knoblauchzehen schälen und durch die Presse dazudrücken. Den Zitronensaft mit dem Weißwein über die Hähnchen gießen, zerbröselten Thymian und die Lorbeerblätter dazugeben. Die Hähnchenstücke zugedeckt bei schwacher Hitze 30 Min. garen.

4 Etwa 15 Min. vor Garzeitende reichlich Salzwasser aufkochen, die Spaghetti darin nach Packungsangabe bißfest garen.

5 Das restliche Mehl mit etwas kaltem Wasser anrühren und in die Schmorsauce rühren. Aufkochen, bis die Sauce bindet. Die Nudeln abgießen und abtropfen lassen, auf Teller verteilen. Die Hähnchenteile darauf setzen und mit der Schmorsauce übergießen. Heiß servieren.

VARIANTE

Sie können auch 1 ganzes frisches Brathähnchen verwenden, das Sie lediglich vierteln.

Gerade bei den Desserts und Süßigkeiten zeigt sich, daß die Länder des östlichen Mittelmeers trotz aller Unterschiede zu einer großen, kulinarischen Gemeinschaft gehören. Zum einen läßt das Klima die gleichen Grundprodukte gedeihen, es reifen Obst und Zitrusfrüchte, Feigen, Aprikosen, Granatäpfel, Mandeln und Walnüsse. Die Trauben werden nicht nur zu Wein gekeltert, sondern auch als Rosinen oder Korinthen getrocknet, Bienen liefern einen kräuterwürzigen Honig. Andererseits hat der jahrhundertelange türkische Einfluß seine Spuren hinterlassen und die Vorliebe für sehr süße Bäckereien geprägt. Orientalisch muten die Blätter- und Plunderteiggebäcke an, bei denen Nüsse und Sesam eine große Rolle spielen.

Nachtisch: frisches Obst

Das Essen selbst wird selten mit einem richtigen Dessert abgeschlossen.In der Regel gibt es frisches Obst der Jahreszeit, im Sommer vor allem die erfrischenden Wassermelonen, gut gekühlt und eßfertig in Stücke geschnitten.
Eine besondere Spezialität sind die Gliká, in Sirup eingelegte Früchte wie kleine, bittere Orangen, Kirschen, Birnen oder Quitten. Gliká wird Gästen als Willkommensgruß in einem Löffelchen mit einem Glas kühlem Wasser gereicht. Für Gliká 250 g Zucker mit 1/4 l Wasser erhitzen, dann geputztes zerkleinertes Obst so lange darin einkochen, bis der Sirup eingedickt ist. Gliká paßt auch zu Joghurt und wird mit Wasser zu einem Erfrischungsgetränk.

Desserts und Süßes

Süßes: für den Pausensnack

Besonders an den Einkaufsstraßen und Uferpromenaden reihen sich in Griechenland die Geschäfte, die süßes Gebäck und Eiscreme, Pfannkuchen oder Loukomades, kleine fritierte Teigbällchen mit Sirup anbieten. All das wird nicht als Nachtisch gegessen, sondern zu jeder Tageszeit als Zwischenmahlzeit oder abends bei der »Vólta«, der obligatorischen Flanierstunde durchs Dorf, bei der vom Säugling im Kinderwagen bis zu den Großeltern alles unterwegs ist – zum Sehen und Gesehenwerden.

Typisch: Honig und Nüsse

Jede Landschaft Griechenlands erzeugt einen eigenen Honig: die pinienreichen Regionen Mittel- und Nordgriechenlands einen sehr würzigen, dunklen Pinienhonig. Hell und aromatisch ist der Zitrushonig, doch am meisten geschätzt wird der Thymianhonig mit seinem kräuterwürzigen Aroma, der in den Bergregionen der

Inseln und auf dem Peloponnes erzeugt wird. Mandeln und Nüsse werden für Desserts und süßes Gebäck sehr häufig verwendet. Die Kerne werden erst kurz vor der Verwendung grob oder fein gehackt oder im Mörser zerstoßen. Wir haben es leichter – in einem Blitzhacker oder im Mixer sind sie schnell zerkleinert. Fertig gemahlene Nüsse sollten Sie nur notfalls verwenden, sie haben viel weniger Aroma. Sesamsaat wird sowohl für pikante Gerichte als auch für Süßspeisen verwendet. Ursprünglich stammt Sesam wohl aus Afrika, ist aber in Griechenland sehr beliebt und auch Tahin, die Sesampaste der arabischen Küchen, ist als »Tahiní« in der griechischen Küche vertreten.

Schnaps: zur Verdauung

Zum Abschluß einer üppigen Mahlzeit wird oft vom Tavernenwirt ein Digestif spendiert. Auf Kreta zum Beispiel der grappaähnliche Raki, auch Tsikúdia genannt. Dieser Schnaps hat aber nichts mit dem türkischen Anisschnaps Raki zu tun.

Im Herbst wird der Raki noch überall auf Kreta in kleinen Destillerien aus Traubenrückständen, dem Trester, gebrannt. Je kleiner und süßer die Trauben waren, desto besser schmeckt er. Sie können ihn eher beim Bauern oder in den Tavernen als in Geschäften kaufen, doch inzwischen haben sich auch Fabriken der Produktion angenommen. Ein anderer Raki, Murnoraki, wird aus den kleinen schwarzen Früchten des Maulbeerbaums gebrannt. In Nordgriechenland und auf den Kykladen findet man den Tsipouro, ein Tresterschnaps, der oft mehr Prozente hat als man denkt. Sie finden

ihn oft in den dortigen Lebensmittelgeschäften, allerdings nicht in etikettierten Flaschen, sondern in alte Wein- oder Wasserflaschen abgefüllt. Auch Weinbrand wird ausgeschenkt, in einfachen Tavernen ein Brandy (Konják), sonst der auch bei uns erhältliche Metaxa, ein Markenweinbrand. Die Güteklasse wird nach der Reifezeit in Eichenholzfässern mit Sternen gekennzeichnet und reicht von 3 (sehr einfach) bis zu 7 Sternen, dem sehr süßen und gehaltvollen Amphora mit 40 % vol. Alkoholgehalt.

Griechische Köstlichkeiten für Süßschnäbel und Feinschmecker: Walnüsse, Feigen, Honig, Granatäpfel und Sesamsaat.

Walnuß-Dessert

Karidópitta

🟢 Gelingt leicht
🔵 Für Gäste

Für eine Backform von etwa 23 x 35 cm:

250 g Walnußkerne
125 g zimmerwarme Butter
125 g Zucker
1/2 TL Vanillinzucker
4 Eier
125 g Semmelbrösel
125 g Mehl • 65 ml Milch
1 TL Backpulver
2 TL geriebene Zitronen-schale von einer unbe-handelten Frucht
1 TL Zimtpulver
1/2 TL Nelkenpulver
Fett für die Form
Für den Sirup:
150 g Zucker
60 g heller Honig
1 EL Zitronensaft
2 EL griechischer Weinbrand (Metaxa) nach Belieben

Zubereitungszeit: 40 Min.
Backzeit: 40 Min.
Ruhezeit: 30 Min.

Bei 8 Personen pro Portion ca.:
2025 kJ/484 kcal
8 g Ew/21 g F/66 g Kh

1 Die Walnußkerne fein mahlen oder im Blitz-hacker zerkleinern. Butter, Zucker und Vanillinzucker in eine Schüssel geben und mit einem Löffel mindestens 10 Min. schaumig rühren. Die Eier dazugeben und gründlich mit der Buttermasse verrühren. Semmelbrösel und Mehl untermischen, langsam die Milch dazu-gießen, Backpulver, Zitro-nenschale, Zimt- und Nelkenpulver zur Teig-masse geben, alles zu einem glatten Teig ver-mischen. Die gemahlenen Walnüsse unterheben.

2 Backofen auf 200° vor-heizen. Die Form (oder ein kleines, tiefes Backblech) gut ausfetten, den Teig einfüllen, glattstreichen und im heißen Ofen (Mitte, Umluft 180°) 40 Min. backen, bis beim Einstechen mit einem Holzstäbchen kein Teig mehr haftenbleibt.

3 Kurz vor Backzeitende für den Sirup in einem Topf Zucker und Honig mit 250 ml Wasser ver-rühren, aufkochen und bei mittlerer Hitze 5 Min. kochen, vom Herd neh-men. Zitronensaft und Weinbrand unterrühren.

4 Die Form aus dem Ofen nehmen und den Kuchen mit dem warmen Sirup übergießen, abkühlen lassen, auf eine Kuchen-platte heben.

5 Die Karidópitta in 4 cm große Quadrate schneiden und als Dessert oder zum Kaffee servieren.

Milchreis

Risógalo

🟢 Gelingt leicht
🔴 Gut vorzubereiten

Für 4–6 Personen:

140 g Milchreis
Salz
1 Vanilleschote
1 1/8 l Milch
1 Stück unbehandelte Zitronenschale (etwa 4 cm)
1 EL Speisestärke
100 g Zucker
Zimt zum Bestreuen

Zubereitungszeit: 40 Min.

Bei 4 Personen pro Portion ca.:
1753 kJ/419 kcal
13 g Ew/11 g F/69 g Kh

1 Den Milchreis mit 300 g Wasser und 1 Prise Salz aufsetzen, bei schwacher Hitze zuge-deckt 15 Min. leise kö-cheln lassen, bis das gan-ze Wasser aufgesogen ist.

2 Vanilleschote auf-schlitzen und das Mark ausschaben, mit der auf-geschlitzten Schote, 1 l Milch und der Zitro-nenschale zum Reis geben, gut durchrühren und bei mittlerer Hitze offen 10–15 Min. kochen, dabei öfter umrühren.

3 Speisestärke mit Zucker und der restlichen kalten Milch anrühren, unter den Milchreis mischen und noch einmal unter Rühren aufkochen lassen. Den Topf vom Herd nehmen, die Vanilleschote und die Zitronenschale herausnehmen.

4 Den Reisbrei unter ge-legentlichem Umrühren (damit sich keine Haut bildet) abkühlen lassen. In Portionsschälchen füllen und im Kühlschrank gut kühlen. Mit viel Zimt bestreut servieren.

TIP!

In Griechenland wird Milchreis erst mit Wasser, dann mit Milch gekocht, damit er schön locker wird.

Im Bild oben: Milchreis
Im Bild unten:
Walnuß-Dessert

Gebackene Feigen mit Sesam

Síka sto fúrno

- Gelingt leicht
- Für Gäste

Für 4 Personen:

12 getrocknete Feigen
200 ml Dessertwein (Mavrodáfne oder Samoswein, ersatzweise heller Traubensaft)
2 EL Sesamsamen
1/2 TL Zimtpulver
1 TL geriebene Orangenschale von einer unbehandelten Frucht
4 EL Zitronensaft
1 Lorbeerblatt
200 g griechischer Sahnejoghurt
2 EL flüssiger Honig (möglichst Thymianhonig)

Zubereitungszeit: 20 Min.
Backzeit: 25 Min.
Einweichzeit: über Nacht

Pro Portion ca.: 1355 kJ/324 kcal
4 g Ew/6 g F/56 g Kh

1 Die Feigen in Wein über Nacht einweichen. Abtropfen lassen, den Wein auffangen. Die Feigen an der Stielseite dreimal über Kreuz einschneiden und blütenförmig aufklappen.

2 Sesamsamen in einer trockenen Pfanne bei mittlerer Hitze unter Rühren hellbraun anrösten (aufpassen, daß sie nicht zu dunkel werden). In ein Schüsselchen füllen und mit Zimt und Orangenschale vermischen. Jede Feige mit den Einschnitten fest in die Mischung drücken, mit dem Sesam nach oben in eine flache Form setzen.

3 Backofen auf 180° vorheizen. Den Wein mit Zitronensaft vermischen und über die Feigen gießen. Lorbeerblatt dazwischen stecken. Im Backofen (Mitte, Umluft 170°) 25 Min. backen.

4 Inzwischen den gut gekühlten Joghurt glattrühren, in ein Schüsselchen füllen und mit dem Honig beträufeln. Kalt zu den warmen Feigen servieren.

TIP!

Statt Dessertwein können Sie auch den selbstgemachten Zitronenlikör (Rezept Seite 60) verwenden, dann aber 100 ml Likör mit der gleichen Menge trockenem Weißwein vermischen.

Backobst in Verbene-Tee

Kompósta mé xerá froúta

- 🟢 Schnell
- 🔵 Für Gäste

Für 4 Personen:

250 g gemischtes Back-
obst (auch Feigen und
Datteln)

2 EL getrocknete Zitronen-
Verbene (siehe Tip)

2 EL Zucker

1 Zweig frische Minze

100 g griechischer Sahne-
joghurt

1–2 EL flüssiger Honig
(möglichst Thymianhonig)

Zubereitungszeit: 35 Min.

Pro Portion ca.: 1008 kJ/241 kcal
3 g Ew/2 g F/63 g Kh

1 Backobst warm abspülen. Zitronen-Verbene in
einen Teebeutel füllen,
mit 200 ml Wasser aufko-
chen, zugedeckt 10 Min.
ziehen lassen.

2 Zucker und Backobst
in den heißen Tee geben
und noch 20 Min. bei
schwacher Hitze ziehen
lassen.

3 Die Minze waschen,
die Blättchen abzupfen
und unter das Obst rüh-
ren. Das Obst mit Flüssigkeit in Dessertschälchen
verteilen und auf Zim-
mertemperatur abkühlen
lassen.

4 Den Joghurt glatt-
rühren, über das Backobst
verteilen und mit Honig
beträufelt servieren.

TIP!

Die Zitronen-Verbene
(Zitronenstrauch, Aloysia
triphylla, griechisch
Louïza) kam im 18. Jahr-
hundert aus Südamerika
nach Griechenland und
wurde schnell wegen
ihres süßen Zitrusge-
schmacks für Tee und
Süßspeisen geschätzt.
Sie ist bei spezialisierten
Gärtnern zu finden und
kann leicht in großen
Töpfen gezogen werden.
In Deutschland gibt es
Verbene als Tee auch in
Teegeschäften, Reform-
häusern und Bioläden
zu kaufen.
Ersatz: Zitronenmelisse
mit einem Stück Zitro-
nenschale erhitzen, nicht
kochen. In Griechenland
verwendet man auch
Lindenblüten und Duft-
pelargonien für den
Kräutertee.

Sesam-Halva

Halva me tahini

- 🟢 Schnell
- 🔴 Gut vorzubereiten

Für 4 Personen:

| 150 g ungeschälte Sesam-saat (aus dem Reformhaus oder Bioladen) |
| 2 EL Zitronensaft |
| 100 g heller Honig |
| 1/2 Vanilleschote |
| Öl zum Fetten |
| kleine Papierförmchen |

Zubereitungszeit: 20 Min.
Abkühlzeit: 1 Std.

Pro Portion ca.: 1280 kJ/306 kcal
6 g Ew/20 g F/30 g Kh

1 Den Sesam in einer trockenen Pfanne bei mittlerer Hitze unter Rühren in 5 Min. goldfarben rösten. Sofort von der Herdplatte nehmen und kurz abkühlen lassen. Im Blitzhacker oder Mixer mit Zitronensaft zu einer leicht stückigen Masse pürieren.

2 Honig in einen Topf gießen, Vanilleschote aufschlitzen und das Mark auskratzen, unter den Honig mischen, vorsichtig erhitzen. Mit dem Sesampüree vermischen, unter Rühren erhitzen, bis die Masse zählklebrig wird.

3 Ein flaches Schüsselchen ölen und sofort das heiße Sesammus einfüllen, festdrücken und glattstreichen. Etwa 1 Std. abkühlen lassen.

4 Zum Servieren mit einem geölten Messer in kleine Rechtecke oder Würfel schneiden und in Papierhütchen setzen. Zum Kaffee servieren.

Zitronen-likör

Kitrón

- 🟢 Gelingt leicht
- 🔵 Braucht etwas Zeit

Für 650 ml:

| 3 unbehandelte Zitronen |
| 1 Limette |
| 600 ml Oúzo |
| 50 g Zucker |

Zubereitungszeit: 20 Min.
Ruhezeit: 12 Tage

Pro Schnapsglas ca.:
324 kJ/ 77 kcal
0 g Ew/0 g F/9 g Kh

1 Zitronen und Limette mit kochendheißem Wasser übergießen, kurz ziehen lassen. Dann abtrocknen und die Schalen hauchdünn abschälen (wie Äpfel). Die Schalenstreifen in eine weithalsige Flasche füllen und mit dem Oúzo übergießen. An einem kühlen Ort 10–12 Tage ziehen lassen, ab und zu schütteln.

2 Dann Zucker mit 75 ml Wasser erhitzen, 3 Min. sprudelnd kochen, abkühlen lassen. Den Schalenextrakt langsam, ohne die Trübstoffe aufzuschütteln, durch eine Kaffeefiltertüte gießen, mit dem Sirup mischen und in eine saubere Flasche füllen. Am besten noch einige Zeit lagern.

> **TIP!**
>
> Der aromatische Zitronenlikör, eine Spezialität der Insel Naxos, schmeckt auch als Longdrink mit Eis und stillem Mineralwasser. Er hält sich ewig!

Griechischer Kaffee

Kafés elléniko

- Schnell
- Gelingt leicht

Für 4 Personen:

2–6 TL Zucker
4 gehäufte TL griechischer Kaffee oder feingemahlener Espresso-Kaffee

Zubereitungszeit: 10 Min.

Pro Portion ca.: 100 kJ/24 kcal
0 g Ew/0 g F/6 g Kh

1 4 Espressotassen Wasser in einem schmalen Stieltopf (traditionell im »Bríki«, einem Kupferoder Edelstahltöpfchen) bei starker Hitze heiß werden lassen.

2 Während das Wasser heiß wird, den Zucker und den Kaffee einrühren. So-bald der Schaum aufsteigt, den Topf von der Herdplatte nehmen und den Kaffee gleichmäßig auf Mokka- oder Espressotassen verteilen, so daß in jeder Tasse Schaum und Kaffee ist. Mit einem Glas kaltem Wasser (ohne Kohlensäure) servieren. Der Kaffeesatz setzt sich schnell ab, so daß der Kaffee darüber abgetrunken werden kann.

TIP!

Kaffeepulver (und den Bríki) bekommt man in griechischen und türkischen Lebensmittelgeschäften; er ist stärker geröstet und feiner gemahlen als unser Filterkaffee.

Griechischer Eiskaffee

Frappé

- Schnell
- Gelingt leicht

Für 1 Person:

2 TL Instant-Kaffee
1–3 TL Zucker
250 ml stilles Mineralwasser
2–3 Eiswürfel
2 EL frische Milch

Zubereitungszeit: 5 Min.

Pro Portion ca.: 213 kJ/51 kcal
1 g Ew/1 g F/10 g Kh

1 Kaffee und Zucker (Menge nach Geschmack für »métrio«, mittel oder »varí glikó«, sehr süß) mit einem Schuß Wasser in einen Schüttelbecher (Shaker) geben und schütteln, bis sich der Zucker aufgelöst hat.

2 Dann das restliche Wasser, Eiswürfel und Milch dazugeben, kräftig und ausdauernd schütteln, bis sich eine dicke Schaumschicht gebildet hat. Sofort in ein hohes Longdrinkglas füllen, es soll gut ein Fingerbreit Schaum obendrauf sein. Mit Strohhalm servieren.

TIP!

Frappé ist ein beliebtes Erfrischungsgetränk, das in Griechenland aus »Nescafé« (so wird jeder lösliche Kaffee genannt) zubereitet wird. Allerdings ist der dortige Instantkaffee herber und kräftiger geröstet als der bei uns erhältliche.

Impressum

Redaktion: Christine Wehling
Lektorat: Bettina Bartz
Layout, Typographie und Umschlaggestaltung:
Heinz Kraxenberger
Satz und Herstellung: BuchHaus Robert Gigler GmbH
Produktion: Helmut Giersberg
Fotos: Odette Teubner, Thomas Stankiewicz (Inhalt,
S. 33), M. Radkai über Bildagentur J. Dziemballa
(Rückseite)
Reproduktion: Fotolito Longo, I-Frangart
Druck und Bindung: Kaufmann, Lahr
ISBN 3-7742-2378-5

Auflage	6.	5.
Jahr	2004	03

Reinhardt Hess
entdeckte schon früh seine Leidenschaft fürs Kochen.
Er arbeitete nach dem Studium der Germanistik und
Geographie als Redakteur bei der größten deutschen
Zeitschrift für Essen und Trinken sowie in Buch-
verlagen. Jetzt schreibt er als freier Journalist Koch-
bücher und steht dabei selbst in der Küche, um die
auf Reisen gesammelten Rezepte und eigene neue
Ideen auszuprobieren.

Odette Teubner
wuchs bereits zwischen Kameras, Scheinwerfern und
Versuchsküche auf. Ausgebildet wurde sie durch ihren
Vater, den international bekannten Food-Fotografen
Christian Teubner. Nach einem kurzen Ausflug in die
Modefotografie kehrte sie in die Foodbranche zurück
und hat seitdem das seltene Glück, Beruf und Hobby
zu vereinen. Odette Teubner liebt die tägliche Heraus-
forderung, die Frische und Natürlichkeit der Lebens-
mittel optimal in Szene zu setzen.

**GASHERD-
TEMPERATUREN**

Die Temperaturstufen
bei Gasherden variieren
von Hersteller zu Her-
steller. Welche Stufe
Ihres Herdes der jeweils
angegebenen Tempe-
ratur entspricht, ent-
nehmen Sie bitte der
Gebrauchsanweisung.

ABKÜRZUNGEN

TL = Teelöffel
EL = Eßlöffel
Msp. = Messerspitze

kJ = Kilojoules
kcal = Kilokalorien
EW = Eiweiß
F = Fett
KH = Kohlenhydrate

**Das Original mit
Garantie**

Unsere Garantie: Sollte ein
GU-Ratgeber einmal einen
Fehler enthalten, schicken Sie uns
bitte das Buch mit einem kleinen
Hinweis und der Quittung
innerhalb von sechs Monaten
nach dem Kauf zurück. Wir
tauschen Ihnen den
GU-Ratgeber gegen einen
anderen zum gleichen oder
ähnlichen Thema um.

Ihr Gräfe und Unzer Verlag
Redaktion Kochen
Postfach 86 03 25
81630 München
Fax: 089/41981-113
e-mail: leserservice@
graefe-und-unzer.de